FELIPE & LETIZIA
EL COMPROMISO REAL

FELIPE DE BORBÓN
EN ADJETIVOS

Felipe de Borbón y Grecia es alto, deportista, trabajador, responsable, sensato, no fumador. Además, le gusta hacer imitaciones, baila muy bien claqué, tiene apetito y come de todo. Mira directamente a los ojos, sabe escuchar. Tiene unas manos enormes, y ásperas debido a la práctica de la vela.

Es más «Grecia» que «Borbón», o, dicho en términos numéricos, tiene un sesenta por ciento de doña Sofía y un cuarenta por ciento de don Juan Carlos. Por eso mismo, tiende a la seriedad, a la formalidad, pero lo compensa con su facilidad de trato. Se ríe estupendamente. Es persona.

Cuenta con una de las mejores agendas internacionales. Le interesa todo. Es consciente de quién es, está dispuesto a hacerlo bien. Tiene condiciones para ser rey.

En lo negativo, el Príncipe es algo rígido, cabezota, dormilón, vitalmente nocturno, y –como ya hemos dicho– más bien serio. Además, solamente sabe cocinar tortilla de patata y es un tanto clásico en el modo de vestir. Se muestra «demasiado» amigo de sus amigos, al menos de algunos de ellos. Le cuesta romper el protocolo, pero solamente en los primeros segundos, porque muy pronto rompe el hielo, y entonces resulta encantador.

JOSÉ APEZARENA ARMIÑO
Periodista y biógrafo
de Su Alteza Real
el Príncipe de Asturias

FELIPE & LETIZIA
EL COMPROMISO REAL

Enlace matrimonial de
don Felipe de Borbón y Grecia,
Príncipe de Asturias y heredero de la Corona,
con la periodista asturiana
doña Letizia Ortiz Rocasolano

Don Felipe de Borbón y Grecia

Doña Letizia Ortiz Rocasolano

Felipe de Borbón y Grecia, Príncipe de Asturias y heredero de la Corona de España, contraerá matrimonio el próximo 22 de mayo de 2004 con doña Letizia Ortiz Rocasolano. Será una boda por amor, pero que reúne todos los requisitos para que la elección del Príncipe se pueda considerar más que acertada. Doña Letizia Ortiz, asturiana, nacida en 1973, con una sólida formación académica y una brillante trayectoria profesional a sus espaldas, da el perfil adecuado para una futura Reina de España.

Estamos, sin duda, ante un momento histórico y de la mayor trascendencia y relevancia para la nación, porque se trata de una boda real, de una boda de Estado. La monarquía, en nuestro país, ha tenido un papel destacado y ha hecho posible la transición pacífica a la democracia. La figura del rey don Juan Carlos ha sido y sigue siendo un símbolo de paz y estabilidad, dentro y fuera de nuestras fronteras. Don Felipe, su heredero, deberá recoger en su momento el testigo y seguir con esta difícil, importante y acertada labor iniciada por su progenitor. Y como él, para este trascendental papel, precisa –qué duda cabe– el apoyo y la estabilidad que proporcionan el matrimonio y la familia. No era ésta una elección fácil, antes bien todo lo contrario, porque aceptar a alguna de las jóvenes que reunían las cualidades necesarias, incluido el haber nacido en altas cunas, sin darle importancia al corazón, era un juego desfasado para los tiempos que vivimos y un sacrificio bastante inútil –por parte del Príncipe–, puesto que tampoco el que la elegida fuera de sangre azul implicaba la seguridad de que se tratase de un matrimonio de largo recorrido, como conviene a un monarca.

Don Juan Carlos, en su momento, logró reunir estas dos condiciones: amor y razón de Estado. Indudablemente fue un acierto pleno por su parte, ya que doña Sofía ha sido siempre un sólido pilar para el Rey de todos los españoles, que ven en ella a la persona digna, discreta, elegante y sabia, que puede servir de ejemplo para cualquiera que llegue a ostentar su alto rango.

Ahora, don Felipe ha demostrado que más vale tomarse un tiempo para reflexionar que precipitarse en asuntos tan trascendentales. Él, como cualquier otro joven, ha conocido la fuerza del amor, pero su sensatez le ha llevado a alcanzar los 36 años sin llegar a elegir su pareja definitiva, la mujer que debe compartir con él los altos designios que el destino le tiene reservados. Es difícil no sucumbir ante la fuerza arrolladora de una pasión de juventud, y esto que algunos han considerado una despreocupación por su parte, debemos considerarlo, ante todo, un mérito. Don Felipe ha sabido esperar el momento, en su madurez, y hacer una sabia elección atendiendo a la vez la voz de su corazón. Indudablemente, un éxito.

DESTINADO A REINAR

— Un monarca para el siglo XXI —

DESTINADO A
REINAR

El futuro Felipe VI supo desde niño cuál sería su destino. Por su formación, será el monarca mejor preparado de toda la historia de la Casa de Borbón.

D on Felipe nació el 30 de enero de 1968. Eran tiempos distintos, pues por entonces regía los destinos de España el general Franco, pero el parto de doña Sofía fue en esta ocasión tan bueno como cuando nacieron sus dos hijas. La Princesa de España, instalada en las habitaciones 604 y 605 de la madrileña Clínica de Nuestra Señora de Loreto, dio a luz a las 12.35 horas de la mañana a un niño grande que pesó 4,3 kilos y midió 55 cm. Tenía ojos azules y el pelo muy rubio, y tanta fue la alegría de su padre que, al saber que era niño, don Juan Carlos perdió incluso el conocimiento durante unos minutos antes de pedir champán para poder brindar con todos los presentes. Se encontraban allí la reina Federica de Grecia y su hija, la princesa Irene, el marqués de Mondéjar y Alfonso Armada, y las primeras llamadas telefónicas del Prín-

La reina Victoria Eugenia, que vivía exiliada en Suiza, regresó a España para amadrinar a su biznieto, el príncipe Felipe.

EL NOMBRE

El Príncipe recibió en su nacimiento los nombres de Felipe Juan Pablo Alfonso de Todos los Santos. El primero se le impuso por ser tradición en la dinastía española, pues durante largo tiempo los monarcas de la casa de Austria solían combinar en sucesivas generaciones los nombres de Carlos y Felipe. Por otra parte, fue el propio don Juan Carlos quien eligió ese nombre en recuerdo de Felipe V, el primer rey de España de la Casa de Borbón. El nombre también gustó a doña Sofía, pues tenía reminiscencias de la antigüedad en su versión griega de Philippos. Aunque en algún momento se barajó el nombre de Fernando (que dicen que no gustaba al general Franco), éste quedó finalmente descartado.

El segundo nombre, Juan, honra a su abuelo paterno, el Conde de Barcelona. El tercero, Pablo, a su abuelo paterno, el melómano rey Pablo I de Grecia. El cuarto, Alfonso, se eligió en recuerdo del último rey de España, don Alfonso XIII. Y «de Todos los Santos» se añadió al final por ser también tradicional en la casa real de España.

En cuanto a los apellidos, don Felipe lleva el de Borbón por ser el de la dinastía española, y Grecia por carecer los príncipes y princesas de la familia real griega de un apellido específico, pues siempre usaron como nombre de familia el de su país.

Con su madre, entonces Princesa de España, y su hermana Cristina, a la que siempre ha estado muy unido.

Con don Juan Carlos comparte su afición al fútbol. Don Felipe es un aficionado «colchonero».

Don Felipe suele resaltar que los años más felices y entrañables de su vida fueron los de su niñez.

cipe de España fueron, en este orden, a sus padres, los Condes de Barcelona, entonces de viaje, y al general Franco. Don Felipe era el primer varón de la familia real que nacía en España desde el año 1914. En la rueda de prensa que siguió al nacimiento, el orgulloso padre declaró: *«España tendrá un servidor más»*.

Se le impuso el nombre de Felipe y fueron sus padrinos su abuelo don Juan de Borbón y su bisabuela, la anciana reina doña Victoria Eugenia, que con motivo de aquella ceremonia volvió a España por primera vez después de la caída de la monarquía, en 1931. Los invitados al bautizo fueron unos 300 y el neófito llevó el traje de cristianar con el que ya habían sido bautizados su padre y su abuelo. Le bautizó el entonces arzobispo de Madrid, don Casimiro Morcillo, que utilizó para la ocasión agua traída del río Jordán y sal de las salinas de San Fernando. El 13 de julio de ese mismo año fue presentado, siguiendo la tradición de la familia real española, en la basílica de la madrileña Virgen de Atocha, siguiendo una antigua costumbre establecida por el rey Felipe II para su querida hija, la infanta doña Isabel Clara Eugenia.

Desde su nacimiento don Felipe tuvo «nannies» inglesas. Primero fue Ann Bell, seguida de Pamela Wallace y Monica Walls, que estaban a las órdenes de la gobernanta, la española Mercedes Soriano Muñoz-Vargas. También se ocupó de él una joven griega llamada Joanna Ravani, a quien doña Sofía había conocido en su juventud durante su paso por la escuela de Mitera, en la ciudad de Atenas. Como él mismo ha declarado, sus años más felices fueron los de su niñez, aunque su educación fue austera y poco ostentosa por deseo expreso de doña Sofía. Sobre su educación el propio don Juan Carlos llegó a decir: *«Quiero que mis hijos sean unos niños normales, unos niños como todos»*. Felipe fue un niño jugue-

LA PILA BAUTISMAL DE SANTO DOMINGO DE GUZMÁN

Don Felipe fue bautizado en el palacio de La Zarzuela el 8 de febrero de 1968 –apenas nueve días después de su nacimiento– en la pila bautismal de Santo Domingo de Guzmán, como ha sido tradicional en los bautizos de príncipes e infantes de la Familia Real española desde el reinado de Felipe IV.

En esa misma pila fue bautizado el propio Santo Domingo de Guzmán en 1170. Es de piedra blanca sin tallar, está recubierta de oro y plata, y lleva las armas reales y las de la Orden Dominica.

Desde que, en 1605, salió del palacio de los Guzmanes para servir a los reyes de España, la pila bautismal de Santo Domingo de Guzmán ha pasado por los palacios de El Escorial, Madrid, Aranjuez, La Granja y el Alcázar de Sevilla.

Actualmente, la pila está custodiada por las religiosas de la orden, en el convento de las Madres Dominicas, ubicado en el número 112 de la Calle de Claudio Coello, de Madrid.

Los últimos en recibir el agua de cristianar de esta pila han sido los hijos de las infantas doña Elena y doña Cristina.

SUS ABUELOS
Doña María de las Mercedes y don Juan de Borbón, Condes de Barcelona. Para don Felipe han sido un ejemplo de rectitud.

SUS PADRES
Doña Sofía y don Juan Carlos quisieron darle a su hijo una educación «normal». Además, le han transmitido cariño y sentido de la responsabilidad.

SUS HERMANAS
La relación que mantiene don Felipe con las infantas Elena y Cristina es muy estrecha. Son sus hermanas y sus cómplices.

tón y algo travieso (le gustaba hacer inocentadas el 28 de diciembre) amante del futbolín, las carreras de sacos y los animales. Su primera mascota fue un perro llamado «Winky». Eran los años en los que el Rey y algún que otro presidente del Gobierno, terminados los asuntos de despacho, tenían que sentarse en el suelo para acabar de poner en marcha un tren que le habían regalado a Felipe.

Con cuatro años y medio, Felipe fue inscrito en párvulos en el colegio madrileño de Santa María de los Rosales, donde solía decir que su padre *«trabajaba en aviones»* y donde hizo sus primeros amigos de infancia, aparte de sus primos y de los nietos menores del general Franco. Ese mismo año acudió a su primera gran boda, que fue la celebrada en el palacio de El Pardo con ocasión del matrimonio de su tío Alfonso de Borbón y Dampierre con la nieta del general. Tres años después, hizo la Primera Comunión en el palacio de La Zarzuela, en una íntima ceremonia familiar, durante la cual su primito Alfonso Zurita se colocó el tricornio de un guardia civil con el que apareció en todas las fotos.

UN NIÑO ORDENADO

De niño, Felipe era ordenado en sus cosas, le gustaba el fútbol y también participar en las representaciones de teatro del colegio, y en los campamentos de verano. Su primera gran pérdida fue la de su abuela, la reina Federica de Grecia, que falleció en el invierno de 1980-1981. En aquellos días los Reyes y sus hijas se habían ido a esquiar a Baqueira Beret y el Príncipe se había quedado en La Zarzuela con la soberana griega. El sentido fallecimiento de su abuela le llevó también, por primera vez, al país de su madre, a Grecia. Poco después le llegó la noche más larga, la del golpe de Estado del 23 de febrero, cuando su padre le llamó para que fuese testigo de todo cuanto sucedía. Exhausto, cuentan que se quedó dormido en un sillón a altas horas de la madrugada. Unos meses más tarde, el 15 de mayo, su padre le concedió la Orden del Toisón de Oro y, al cabo de dos años, realizó su primer viaje oficial para asistir a las festividades que se celebraron para conmemorar el 450 aniversario de la ciudad sudamericana de Cartagena de Indias.

El Príncipe ha participado desde muy joven en actos oficiales. Aquí le vemos, junto a doña Sofía, en el quinto aniversario de la Constitución.

LAS VACACIONES

Como cualquier niño de su edad, y
pese a que don Felipe siempre fue un
niño estudioso y responsable con sus
tareas, al Príncipe lo que más
le gustaba era irse de vacaciones.
El palacio de Marivent, en
Mallorca, ha sido el destino de sus
vacaciones de verano. Allí, junto
a sus hermanas, aprendió a navegar
y, todavía hoy, disfruta de uno
de sus deportes favoritos: la vela.
Se dice que cuando la Familia Real
española compite en las regatas, hay
una gran rivalidad entre ellos, sobre
todo entre el Príncipe y su padre,
el Rey, ya que ambos desean ganar
a toda costa.
En invierno, la familia se suele
desplazar a la estación invernal de
Baqueira Beret (Lleida). Desde
niño, don Felipe, como doña Elena
y doña Cristina, ha sido un experto
esquiador, al que le gusta la
velocidad. Una afición que, como la
del mar, ha heredado de sus padres.

FORMACIÓN DE FELIPE DE BORBÓN

Siempre fue bastante bueno en los estudios y, ya en la adolescencia, se apasionó tanto por la astronomía que buscaba acostarse muy tarde para poder mirar a las estrellas con el telescopio que le habían regalado. El tercero de BUP fue un curso especialmente duro para él, pero sus notas siempre fueron aceptables tirando a buenas. Desde niño fue buen lector (siempre le encantaron los cómics de Astérix) y, terminado el BUP en España, se decidió que cursaría el COU fuera de nuestro país para abrirle un poco al mundo y darle un mayor grado de independencia. Para ello se eligió el Canadá, porque la alternativa de estudiar en los Estados Unidos no era especialmente atractiva para el gobierno socialista de entonces. Así, en septiembre de 1984, hizo las maletas y entró a estudiar en el prestigioso colegio Lakefield College School, en la región canadiense de Ontario, donde años antes ya había estudiado su primo el príncipe Andrés de Inglaterra.

La estancia en Canadá fue importante para Felipe. Allí su compañero de cuarto y amigo, Chris Dennis, comenzó a llamarle «Flip», y cuentan que en sus momentos de soledad se dedicaba a tocar la flauta y la guitarra. Se graduó en junio de 1985 y, según sus propias palabras, «aquella fue la primera vez que tuve que plantearme la reflexión de lo que yo era, de lo que era España, incluso un análisis de lo que yo entendía España desde fuera».

LA JURA DE BANDERA

Felipe juró bandera el 11 de octubre de 1985 como cadete de la 44.ª promoción de la Academia General Militar de Zaragoza. Aquella importante jornada fue presidida por don Juan Carlos y doña Sofía, a quienes acompañaban el Conde de Barcelona, las infantas doña Elena y doña Cristina, sus tíos, los Duques de Badajoz y de Soria, y su tía la princesa doña Irene de Grecia, que siguió la ceremonia desde las tribunas del público. Los Reyes hubieran querido también asistir como unos padres más, pero aceptaron la indicación del Ministerio de Defensa: el Príncipe no podía pasar como «un cadete más».
El Rey pasó revista y el joven Felipe rindió a su padre, por primera vez, los honores debidos como Jefe Supremo de las Fuerzas Armadas. Para la ocasión, Felipe lució guerrera polaca azul, con doble fila de siete botones dorados, pantalón rojo con dos franjas azules, y un ros coronado por un penacho rojo.
La bandera que besó en la jura fue la misma que, en 1889, bordó su tatarabuela, la reina regente doña María Cristina.

La vuelta de Canadá le llevó al Ejército y a pasar por las academias de los tres ejércitos. Primero fue la Academia de Zaragoza, donde cuentan que tenía que ponerse cuatro despertadores para poder llegar a diana a la hora (siempre le ha gustado mucho dormir). Allí juró bandera en octubre de 1985. Un año después se integraba como cadete en la Escuela Naval de Marín, donde sus compañeros le conocían como «SAR» (Su Alteza Real) y donde recibía una paga de 40.000 pesetas al mes. Fue parte de la tripulación del «Juan Sebastián Elcano» (y no se libró de una fuerte tormenta en alta mar), y también del «Dédalo» y de la fragata «Asturias». Y de la mar pasó al aire, ingresando en la Academia del Aire de San Javier, donde pudo experimentar su pasión por volar.

Tras el paso por el Ejército, se impuso la necesidad de que Felipe siguiese estudios universitarios. Se pensó en Derecho y en Economía y en el otoño de 1988 entró en la Universidad Autónoma de Madrid matriculado en Derecho. Se le diseñaron estudios amplios un poco a medida de sus necesidades y durante sus cinco años de estancia en la universidad disfrutó mucho de la vida de estudiante, aunque los Juegos Olímpicos de 1992 le costaron dos asignaturas.

En 1993, ya licenciado en la universidad, el Príncipe expresó su de-

Sobre estas líneas, el Príncipe, en la Academia General Militar de Zaragoza, en la que se formó como oficial del Ejército de Tierra.

Arriba, una fotografía de un Felipe sonriente en su primera juventud, en una ceremonia de gala, a la que asistió con Sus Majestades los Reyes.

Al lado, una refrescante ducha a bordo del buque insignia de la Armada, «Juan Sebastián Elcano», como un miembro de la tripulación del barco. Sin privilegios ni prebendas.

Don Felipe en sus primeros días
de clase en la Facultad de Derecho de
la Universidad Autónoma de Madrid.
El primer día fue observado con cierta
extrañeza por parte del resto de los
alumnos.

Abajo, vemos al Príncipe en un aula
de la Universidad de Georgetown,
en Washington DC, inmerso en
el estudio.

seo de continuar estudiando y esta vez fue él mismo quien se inclinó por una universidad norteamericana. Se pensó en la de Georgetown, en Washington DC, una de las más prestigiosas, y allí se matriculó en la Edmund A. Walsh School (allí estudiaron el presidente Clinton y algunos de los Kennedy), a orillas del río Potomac. Él y su primo hermano, el príncipe Pablo de Grecia, compartieron una casa en la urbanización The Cloisters, que era un chalet de dos pisos con sótano. Ellos mismos compraban en el supermercado y allí pudieron disfrutar de un anonimato difícil en España. Cursó un master en Economía, Historia y Relaciones Internacionales, y a su ceremonia de graduación, en mayo de 1995, acudieron los Reyes de España.

Cuatro años después, en 1999, don Felipe hizo un «stage» de cinco semanas en Bruselas para conocer de cerca las instituciones de la Unión Europea, como complemento a su amplia formación que, sin duda alguna, es la más completa de todos los actuales príncipes herederos de Europa.

El príncipe Felipe, recibiendo de manos de su padre una de las muchas condecoraciones militares que posee.

En la página anterior, junto a su padre, el Rey, y su abuelo, el Conde de Barcelona, el día en el que embarcó a bordo del «Juan Sebastián Elcano», el 9 de enero de 1987. El amor a la mar ha sido para él una herencia familiar.

Después de pasar por los tres ejércitos, Felipe cursó estudios de Derecho y Economía en la Universidad de Madrid

DON FELIPE, CON BARBA

Muy pocas veces hemos visto a don Felipe con una poblada barba, como la de la fotografía. Lo cierto es que el Príncipe nos tiene acostumbrados a poquísimos cambios de imagen, haciendo gala de una gran sobriedad. Le gusta vestir con atuendo de corte clásico o deportivo, pero siempre impecable, y lleva el cabello y la barba perfectamente cuidados.

Feliz y contento, el día de su graduación, en mayo de 1995, en la Edmund A. Walsh School, de la prestigiosa universidad norteamericana de Georgetown.

Volar es una de sus pasiones y, desde muy joven, aprendió a pilotar en la Escuela del Aire de San Javier.

Don Felipe entrega al primer ministro
sudafricano Nelson Mandela el premio
Príncipe de Asturias, en el teatro
Campoamor de Oviedo.

El Príncipe, vestido de gala para una
ceremonia en el salón del trono del
Palacio Real de Madrid.

A la derecha, los Reyes y el Príncipe,
al finalizar las vacaciones
estivales en Mallorca se despiden
de las autoridades locales.

Bajo estas líneas, don Felipe
es saludado por sus compañeros
de la Armada.

LA IMAGEN DE ESPAÑA EN EL EXTERIOR

El Príncipe de Asturias contribuye, con su presencia y con su personalidad, a apoyar la imagen de España en el exterior. Así, en 1992 la revista «L'Uomo Vogue» le eligió como representante de la nueva imagen de España, pues en palabras de la directora de la revista: «España quiere que se hable de su futuro, no de su pasado. Por eso elegimos la figura del hijo del Rey». Y, un año después, en 1993, la revista «People» le eligió como una de las 50 personas más guapas del mundo.

Sin duda alguna, la imagen radiante de don Felipe como portaestandarte del equipo español en los Juegos Olímpicos de Barcelona 92 dio la vuelta al mundo entero ofreciendo una nueva visión de España en otros países.

Don Felipe y la reina doña Sofía asisten en Oslo a la ceremonia de boda de su amigo el príncipe heredero Haakon Magnus de Noruega con Mette-Marit Tjessem.

Sobre estas líneas, la última visita de don Felipe al Congreso de los Diputados fue con ocasión del XXV aniversario de la Constitución, el 27 de diciembre de 2003. En la foto, la Familia Real, en la tribuna a las puertas del Palacio de las Cortes.

Arriba, el Príncipe jura la Constitución el día de su mayoría de edad, el 30 de enero de 1986.

EL PRÍNCIPE EN EL PARLAMENTO

Las ocasiones en las que el Príncipe ha estado en el Congreso han sido escasas, como corresponde a su papel de heredero de la Corona, pero todas han sido en fechas especialmente señaladas en su vida.

La primera fue con siete años, aquel 22 de noviembre de 1975, en el que su padre fue entronizado Rey de España. En aquella ocasión, el pequeño Felipe se mostró inquieto e incómodo en su traje azul marino, con chaqueta cruzada y corbata negra.

La segunda fue el 27 de diciembre de 1978 con ocasión de la firma de la Constitución. El principito vestía chaqueta azul cruzada con doble botonadura dorada y corbata gris perla. Al salir del edificio del Congreso, un ujier le agarró por debajo de los brazos y lo levantó para hacerlo visible al público que se había congregado en la calle.

Otra ocasión importante fue el 30 de enero de 1986, cuando con motivo de su dieciocho cumpleaños él mismo acudió al Congreso de los Diputados para jurar la Constitución en su mayoría de edad. El día anterior su padre le había otorgado el Gran Collar de la Real y Muy Distinguida Orden de Carlos III. A la ceremonia acudió con chaqué y la insignia de la Orden del Toisón de Oro, y ante los congregados dijo estar orgulloso por haber sido honrado de esa forma tan espontánea y tan popular. La última fue el 27 de diciembre de 2003 con motivo de la celebración del XXV aniversario de la Constitución. En esta ocasión su futura esposa pudo verle desde los palcos reservados a las autoridades.

TÍTULOS Y CONDECORACIONES

— *La actual placa del Príncipe de Asturias* —

TÍTULOS Y
CONDECORACIONES

*Don Felipe ejerce de abanderado
en una ceremonia castrense.*

uando el príncipe Felipe nació en 1968, recibió el tratamiento y los honores debidos a un infante de España, dado que su padre era en aquellos momentos Príncipe de Asturias. Fue por tanto, y siguiendo la titulatura tradicional de la Casa Real de España, Su Alteza Real el Serenísimo Señor Infante de España Don Felipe de Borbón y Grecia. Solamente más tarde, y tras la restauración de la monarquía en 1975 en la persona de su padre don Juan Carlos, se planteó la necesidad de reconocerle los títulos asociados tradicionalmente al heredero de la Corona de España, que son los de príncipe de Asturias, príncipe de Viana, príncipe de Gerona, duque de Montblanc, conde de Cervera y señor de Balaguer, que representan a los distintos reinos históricos que conformaron la monarquía hispánica en los albores del siglo XVI.

En la fotografía, el príncipe don Alfonso de Borbón y Battenberg, primogénito de Alfonso XIII, con su esposa la cubana Edelmira Sanpedro Ocejo. Enfermo de hemofilia, renunció a sus derechos a la corona de España por amor.

PRÍNCIPE DE VIANA

El título de príncipe de Viana fue creado en el año 1423 por el rey Carlos III de Navarra, a imitación de los reyes de Inglaterra y de Castilla, para el heredero de su reino, su propio nieto el príncipe Carlos. En aquella época el principado estaba constituido por numerosas villas y varios castillos en el territorio navarro cercano a la frontera con Castilla. Desde entonces, ha estado vinculado a los herederos del reino de Navarra y, desde la incorporación de este reino a la monarquía hispánica, a los herederos del reino de España.

PRÍNCIPE DE ASTURIAS

El título de príncipe de Asturias fue creado en el año 1388 por el rey Juan I de Castilla a favor de su hijo y heredero el infante don Enrique. Con ello el rey intentaba poner fin a los pleitos dinásticos que tanta sangre habían costado al reino y que tocaban a su fin con el matrimonio del heredero con la princesa inglesa Catalina de Lancaster, que esgrimía ciertos derechos al trono de Castilla. Asimismo, se pretendía asociar un título particular al heredero de la corona imitando el modelo inglés, que titulaba príncipe de Gales al primogénito del rey, y también vincular a la corona una región que solía sublevarse con cierta facilidad, a causa de las querellas entre los señores locales.

En los primeros tiempos, y hasta el reinado de los Reyes Católicos, el título llevaba aparejados importantes señoríos territoriales en la región asturiana. Posteriormente, y con la unificación de los reinos peninsulares durante el reinado de Isabel y Fernando, su hijo y heredero, el príncipe Juan, fue el primero en llevar juntos la mayoría de los títulos tradicionales del futuro rey, que incorporan los propios del reino de Castilla y también los propios del reino de Aragón.

En los tiempos de la antigua monarquía, todos los príncipes de Asturias (de Viana, Gerona, etc.) tenían que ser legalmente jurados ante las Cortes de los distintos reinos para ser reconocidos como tales. Para ello se convocaban sesiones especiales de Cortes por las cuales los distintos estamentos de los reinos se comprometían a respetar los derechos sucesorios del heredero de la corona. En el caso español fueron varias las infantas que llegaron a ostentar este título, aunque una de entre ellas, María Teresa de Austria, nunca llegó a ser jurada de forma efectiva por las Cortes. Curiosamente hubo dos infantas que fueron princesas de Asturias en dos momentos distintos de sus vidas.

La última ceremonia de jura por el rito tradicional fue la de la infanta Isabel, luego reina Isabel II, en el año 1833. Posteriormente, y ya en tiempos de la monarquía constitucional, las juras se convirtieron en ceremonias más sencillas de mero reconocimiento del heredero por parte de los representantes de Asturias, que le entregaban la venera que reproduce la Cruz de la Victoria, emblema del principado.

Tras la caída de la monarquía en 1931, el Príncipe de Asturias y su hermano, el infante don Jaime, hijos de don Alfonso XIII, renunciaron a sus derechos al trono, que recayeron en su tercer hermano, don Juan de Borbón, que fue considerado príncipe de Asturias hasta el fallecimiento del Rey en 1941. Desde entonces, y hasta 1975, fue el príncipe don Juan Carlos quien ostentó la dignidad en su calidad de heredero de la dinastía.

Tras la restauración, los representantes de Asturias solicitaron a don Juan Carlos en varias ocasiones que se reconociese a don Felipe como

Sólo dos mujeres ostentaron la dignidad de princesa de Asturias por dos veces: Isabel y María Mercedes de Borbón

príncipe, lo cual se consiguió en 1977 por Real Decreto del 21 de enero de aquel año. Aquel mismo año don Juan de Borbón, abuelo de don Felipe, transmitió sus derechos dinásticos al Rey, legitimando con ello la continuidad dinástica.

La investidura de don Felipe como Príncipe de Asturias tuvo lugar en Covadonga el 1 de noviembre de 1977, en presencia de la Familia Real y de las autoridades locales, que le entregaron la insignia del principado. Aquel día, en su discurso, el rey don Juan Carlos dijo a don Felipe, aludiendo a la Cruz de la Victoria: «*Esta cruz es también tu cruz. Tu cruz de rey. La que debes llevar con orgullo y con dignidad, como lo exige la Corona. Ni un minuto de descanso, ni miedo de hacerlo mal, ni dudar en el servicio a los españoles y a su destino. En esta obra bien hecha, en esta voluntad de superación, deseo que tú, Príncipe de Asturias, te sientas comprometido y crucificado*».

PRÍNCIPE DE GERONA, DUQUE DE MONTBLANC, CONDE DE CERVERA Y SEÑOR DE BALAGUER

En 1351 el rey Pedro IV de Aragón creó el ducado de Gerona para su hijo, el futuro rey Juan I. Posteriormente, en 1414, el rey Fernando I elevó dicho título a la categoría de principado en la persona de su hijo el príncipe Alfonso, vinculándolo desde entonces a los herederos de la corona catalano-aragonesa. Así mismo, a los herederos de dichas coronas se les reconocieron los títulos menores de duque de Montblanc, conde de Cervera y señor de Balaguer que, con posterioridad, quedaron vinculados al heredero de la corona de España. El rey Felipe V, al abolir los fueros de Cataluña, despojó al heredero de los títulos tradicionales de aquella corona, los cuales fueron restaurados en la persona de don Felipe en 1977. En el retrato que ilustra este texto, vemos al príncipe Baltasar Carlos, hijo del rey Felipe IV, que, durante su corta vida, fue la esperanza de una dinastía en física decadencia. El cuadro es obra del sevillano Diego Velázquez y muestra al Príncipe en traje de caza.

El príncipe Fernando de Borbón y Saboya, luego Fernando VI, retratado como príncipe de Asturias por el pintor de corte Jean Ranc. Fernando VI es uno de los reyes preferidos de don Felipe.

Los príncipes de Asturias antecesores de don Felipe

- Don Enrique de Trastamara,
  luego Enrique III de Castilla (1388-1390)
- Doña María de Trastamara,
  esposa del rey Alfonso V de Aragón (1402-1405)
- Don Juan de Trastamara,
  luego Juan II de Castilla (1405-1406)
- Doña Catalina de Trastamara,
  hija del anterior (1422-1424)
- Doña Leonor de Trastamara,
  hermana de la anterior (1424-1425)
- Don Enrique de Trastamara,
  luego Enrique IV de Castilla (1425-1454)
- Doña Juana de Trastamara, hija del anterior,
  conocida como "La Beltraneja" (1462-1464)
- Don Alfonso de Trastamara,
  hijo de Juan II de Castilla (1464-1468)
- Doña Isabel de Trastamara, luego Isabel I de Castilla
  y esposa de Fernando II de Aragón,
  los "Reyes Católicos" (1468-1474)
- Doña Isabel de Castilla y Aragón,
  hija de los anteriores y esposa del rey Manuel I
  de Portugal (princesa de Asturias en dos ocasiones
  1476-1478 y 1497-1499)
- Don Juan de Castilla y Aragón,
  hermano de la anterior (1480-1497)
- Don Miguel de Portugal,
  hijo del rey Manuel I de Portugal (1499-1500)
- Doña Juana de Castilla y Aragón,
  hija de los Reyes Católicos (1502-1504)
- Don Carlos de Austria, luego Carlos I de España
  y V de Alemania (1506-1516)
- Don Felipe de Austria, luego Felipe II (1528-1556)
- Don Carlos de Austria, hijo del anterior (1560-1568)
- Don Fernando de Austria,
  hermano del anterior (1573-1578)
- Don Diego de Austria,
  hermano del anterior (1580-1582)
- Don Felipe de Austria,
  hermano del anterior, luego Felipe III (1584-1598)

- Don Felipe Domingo de Austria,
  luego Felipe IV (1608-1621)
- Don Baltasar Carlos de Austria,
  hijo del anterior (1632-1646)
- Don Felipe Próspero de Austria,
  hermano del anterior (1658-1661)
- Don Carlos de Austria,
  hermano del anterior, luego Carlos II (1662-1665)
- Don Luis Fernando de Borbón,
  hijo de Felipe V, luego Luis I (1709-1724)
- Don Fernando de Borbón,
  hermano del anterior, luego Fernando VI (1724-1746)
- Don Carlos Antonio de Borbón,
  hijo de Carlos III, luego Carlos IV (1760-1788)
- Don Fernando de Borbón,
  hijo del anterior, luego Fernando VII (1789-1808)
- Doña Isabel de Borbón,
  hija del anterior, luego Isabel II (1833)
- Doña Isabel de Borbón, hija de la anterior,
  esposa del conde de Girgenti (princesa de Asturias
  en dos ocasiones: 1851-1857 y 1875-1880)
- Don Alfonso de Borbón, hermano de la anterior,
  luego Alfonso XII (1857-1870)
- Don Manuel Filiberto de Saboya,
  hijo del rey Amadeo I (1871-1874)
- Doña María de las Mercedes de Borbón,
  hija de Alfonso XII, esposa del infante
  don Carlos de Borbón (1881-1904)
- Don Alfonso de Borbón,
  hijo de Alfonso XIII (1907-1933)
- Don Juan de Borbón,
  hermano del anterior (1933-1941)
  (no fue jurado por las Cortes)
- Don Juan Carlos de Borbón,
  hijo del anterior, luego Juan Carlos I
  (1941-1975, no fue jurado por las Cortes)

Manuel Filiberto de Saboya, hijo
de Amadeo I, fue el único príncipe de
Asturias ajeno a la dinastía histórica

EL ESCUDO DE ARMAS
DEL PRÍNCIPE
DE ASTURIAS

El escudo de armas del príncipe don Felipe, que fue aprobado por Real Decreto del 17 de marzo de 2001, recoge en su simbolismo toda la tradición histórica de la monarquía española, como unificadora de los distintos reinos peninsulares a comienzos del siglo XVI bajo el reinado de los Reyes Católicos. El decreto regulador, que no concede un escudo, sino que normaliza una larga tradición, estipula la existencia de un guión y un estandarte del príncipe, que son de color azul al igual que la bandera del principado de Asturias.

Sobre dicho guión, aparece el escudo de armas de don Felipe que, de acuerdo con la tradición, es muy similar al de don Juan Carlos, del cual difiere solamente en elementos heráldicos menores que son propios del rey. En la bella y compleja descripción del lenguaje de la heráldica el escudo, compuesto de seis partes diferenciadas, se describe de la siguiente manera:

Escudo cuartelado con, en el primer cuartel (arriba a la izquierda), en un campo de gules (rojo) un castillo almenado y mazonado de sable (negro), y aclarado de azur (azul), que corresponde al reino de Castilla; en el segundo cuartel (arriba a la derecha), en un campo de plata un león rampante de púrpura, linguado de gules (rojo), coronado de oro, lampasado y armado de gules (rojo), que corresponde al reino de León; en el tercer cuartel (abajo a la izquierda), un campo de oro con cuatro palos de gules (rojo), que son las antiguas armas de los condes de Barcelona y, posteriormente, de los reyes de Aragón; en el cuarto cuartel (abajo a la derecha), en campo de gules (rojo) una cadena de oro puesta en orla, en cruz y en aspa, con un punto de sinople (verde) en el abismo, que son las armas del reino de Navarra. Entado en punta (parte inferior), en campo de plata una granada al natural rajada de gules (rojo), sostenida, tallada y hojada de dos hojas de sinople (verde), que representa el reino de Granada. Sobre el todo, un escusón de azur (azul) con tres flores de lis de oro, con una bordura de gules (rojo), que son las armas de la Casa de Borbón. Sobre el todo (arriba), un lambel de azur (azul) de tres pies.

El escudo está timbrado con corona de príncipe, que se define como un círculo de oro, engastado en piedras preciosas en sus colores, compuesto de ocho florones de hojas de acanto, visibles cinco, de los que parten cuatro diademas de perlas, vistas tres, que convergen en un orbe azul, con el semimeridiano y el ecuador de oro, sumado de una cruz de oro, y la corona forrada de rojo y rodeada del collar del Toisón de Oro.

LA PLACA DEL PRÍNCIPE DE ASTURIAS

Con ocasión de la investidura de la infanta doña Isabel de Borbón (popularmente conocida como La Chata) como princesa de Asturias, se confeccionó una elaborada joya de esmalte y pedrería que representa la Cruz de la Victoria, acompañada de las letras griegas «Alfa» y «Omega», de la divisa en latín «hoc signo vincitur inimicus», y de una cenefa con la leyenda «Asturias a su príncipe». Dicha placa fue entregada para su uso a los sucesivos príncipes de Asturias, que solían llevarla en ceremonias oficiales. Don Juan Carlos la utilizó desde su infancia y la lució el día de su propia boda en Atenas en 1962.

Sin embargo, cuando en 1969 don Juan Carlos aceptó del general Franco el título de Príncipe de España a título de sucesor, su padre, el Conde de Barcelona, le pidió la devolución de la placa histórica, de manera que el Rey no la utilizó más. Como consecuencia de ello, en 1977, para la ceremonia de investidura de don Felipe en Asturias, una joyería ovetense recibió el encargo de confeccionar una nueva placa en sustitución de la antigua. Dicha nueva placa es la que el Príncipe siempre ha ostentado en sus visitas a Asturias, a pesar de que, poco después de su proclamación, su abuelo le entregó la placa histórica, que no ha vuelto a utilizarse en público.

LA MÍTICA JOYA

El magnífico collar de la orden se compone de numerosos eslabones que simbólicamente alternan la letra "B" del ducado de Borgoña con pedernales y llamas, haciendo referencia a la leyenda mítica de la Grecia clásica según la cual el titán Prometeo robó el fuego de los dioses para entregárselo a los hombres. El duque de Borgoña era muy afecto a este mito, y de ahí que su propia divisa fuera Ante ferit quam flama micet (golpea antes de que surja la llama). A su vez, del collar pende un vellocino o cordero de oro, que hace referencia al mito de Jasón y los Argonautas y que representaba la importancia del ganado lanar para la economía del entonces rico ducado de Borgoña.

El Príncipe de Asturias retratado por Ricardo Macarrón, con la insignia del Toisón y la bandera de España a modo de banda.

CABALLERO DEL TOISÓN DE ORO

Prácticamente todo el mundo coincide en que la Orden del Toisón de Oro, cuyo soberano es el rey don Juan Carlos, es la más prestigiosa orden dinástica de todo el mundo. Por tanto, es la condecoración que más a gala lleva don Felipe y la que, sin duda alguna, lucirá de forma preeminente el día de su boda. Se trata de una orden de origen borgoñón creada en el año 1430 por el duque Felipe III de Borgoña, antepasado directo del príncipe de Asturias, para conmemorar su matrimonio con la infanta doña Isabel de Portugal.

Casi desde su creación la orden cobró un enorme prestigio y el collar solamente se otorgaba tradicionalmente a los más grandes señores y soberanos de la Europa cristiana. Con posterioridad, y al extinguirse la casa de Borgoña, la jefatura de la orden pasó, por línea femenina de descendencia, a la casa de Austria, que reinó en España durante dos siglos, y de esta última a la casa de Borbón. Por tratarse en su origen de una orden de caballería, sólo se otorgaba a los varones hasta que Isabel II, reina titular de España, lo lució con profusión durante todo su reinado. Su gran importancia para los reyes de España hace que los escudos de armas de S.M. el rey y del Príncipe estén orlados del collar del que pende el vellocino. Generalmente se trata de grandes collares de numerosos eslabones ricamente trabajados en oro y recamados de piedras preciosas, si bien en la actualidad el collar solamente se luce en las grandes ocasiones de Estado, siendo sustituido por una insignia de tamaño menor que solemos ver en la solapa del Rey y del Príncipe. Los collares van numerados y deben ser devueltos al rey de España tras la defunción del caballero a quien le fue otorgado, y es por eso que en ocasiones importantes el rey don Juan Carlos luce algunas notables piezas de gran valor histórico.

UNA ORDEN DE ESTADO

Tras el acceso a la corona de don Juan Carlos, el Toisón de Oro se ha convertido en una orden de Estado, que solamente se confiere como reconocimiento por altos servicios prestados al país y también a monarcas y grandes personalidades de otros países. Desde 1985 se concede también a mujeres y en la actualidad solamente son poseedores de tan destacada distinción, además del rey de España y del príncipe de Asturias, el emperador de Japón, los reyes Carlos XVI Gustavo de Suecia, Alberto II de Bélgica y Harald V de Noruega, las reinas Beatriz I de los Países Bajos, Margarita II de Dinamarca e Isabel II de Inglaterra, el ex rey Constantino II de Grecia y el infante don Carlos de Borbón.

Además del Toisón de Oro, don Felipe ostenta otras numerosas condecoraciones importantes. Las españolas: el gran collar de la Orden de Carlos III, las grandes cruces de San Hermenegildo, del Mérito Militar, del Mérito Naval y del Mérito Aeronáutico. Las extranjeras: la Orden del Cristo (de Portugal), la Orden de Cristóbal Colón (de la República Dominicana), la Orden del Nilo (de Egipto), la Orden del Quetzal (de Guatemala), la Orden del Libertador (de Venezuela) y la Orden de Makarios (de Chipre). También es Bailío Gran Cruz de Honor y Devoción de la Orden de San Juan de Jerusalén, y Caballero de la Orden de Santiago.

ALFONSO XII

Don Alfonso XII luciendo uno
de los Toisones históricos de la
casa real de España, en este caso
uno recamado en diamantes
y pedrería. Tras la restauración
de la monarquía en su persona
en 1875, la orden quedó
nuevamente vinculada a la casa
de Borbón tras el breve reinado
de Amadeo de Saboya
y el interregno republicano.
Fotografía de 1884.

FERNANDO VII

El rey don Fernando VII,
pintado magistralmente por Goya,
posando con el manto rojo,
el gran collar y los atributos
propios de Gran Maestre
de la Orden del Toisón de Oro.
Bajo el manto se percibe la banda
de la Orden de Carlos III, la
segunda en importancia
de la monarquía española.

ASCENDENCIA
DEL PRÍNCIPE
DE ASTURIAS

| Alfonso XII, Rey de España | Archiduquesa M.ª Cristina de Austria | Enrique, Ppe. de Battenberg | Princesa Beatriz de la Gran Bretaña | Alfonso de Borbón, Conde de Caserta | Princesa Antonieta de las Dos Sicilias | Felipe de Orleans, Conde de París | Infanta Isabel de Orleans |

Alfonso XIII, Rey de España   Psa. Victoria Eugenia de Battenberg   Infante D. Carlos de Borbón   Princesa Luisa de Orleans

Juan de Borbón y Battenberg, Conde de Barcelona   Princesa María de las Mercedes de Borbón y Orleans

Juan Carlos I, Rey de España

Felipe, Príncipe de Asturias

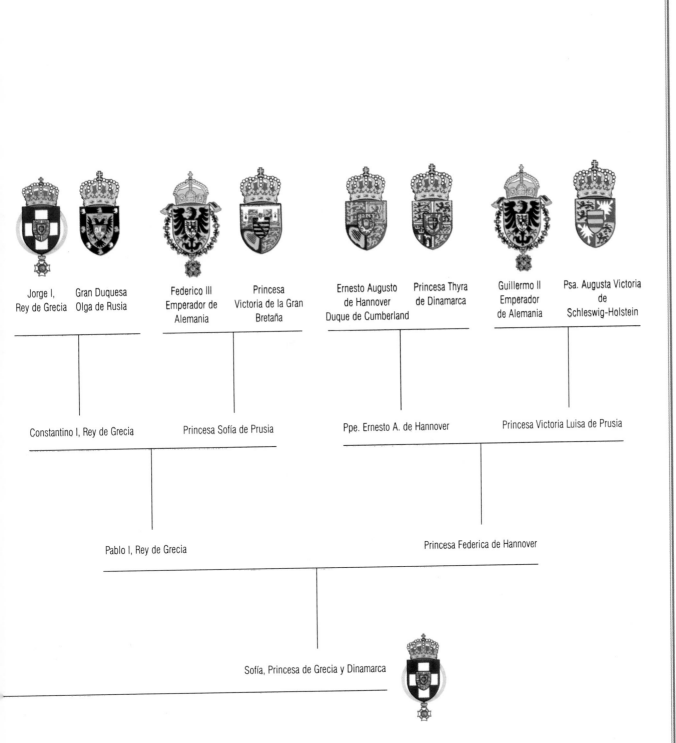

Jorge I, Rey de Grecia

Gran Duquesa Olga de Rusia

Federico III Emperador de Alemania

Princesa Victoria de la Gran Bretaña

Ernesto Augusto de Hannover Duque de Cumberland

Princesa Thyra de Dinamarca

Guillermo II Emperador de Alemania

Psa. Augusta Victoria de Schleswig-Holstein

Constantino I, Rey de Grecia

Princesa Sofía de Prusia

Ppe. Ernesto A. de Hannover

Princesa Victoria Luisa de Prusia

Pablo I, Rey de Grecia

Princesa Federica de Hannover

Sofía, Princesa de Grecia y Dinamarca

UNA PERIODISTA EN EL TRONO DE ESPAÑA

— Tenaz, gran comunicadora y muy perfeccionista —

UNA PERIODISTA EN EL TRONO DE ESPAÑA

Quiso ser periodista y no cejó en su empeño. Pero el destino le iba a deparar un futuro muy distinto. Será la primera princesa de Asturias sin sangre real.

D oña Letizia Ortiz Rocasolano nació en Oviedo el 15 de septiembre de 1972, hija del periodista Jesús Ortiz y de la enfermera Paloma Rocasolano, y, como el príncipe Felipe, tiene dos hermanas, Telma y Erika. Letizia fue una niña despierta, inquieta, habladora y muy segura de sí misma, tan capaz de destacar en el colegio por su brillantez, como de llevar a cabo otras actividades artísticas, como el ballet. Su familia materna es de origen humilde. Su abuelo, Francisco Rocasolano, que vive en Alicante, es taxista jubilado. Por parte de padre, la familia pertenece a la clase media. Su abuela, Carmen Álvarez del Valle, ha sido una gran periodista, gracias a la cual, Letizia conoció el mundo de la radio desde muy pequeña. Lleva el periodismo en la sangre y siempre soñó con dedicarse a los medios de comunicación. En el colegio público en el que estudió,

Letizia siempre mostró unas grandes aptitudes para las artes escénicas. Hizo ballet y, ya en la Agencia EFE, participó en una película.

la Gesta de Oviedo, todos recuerdan su abierta sonrisa y su gran capacidad para comunicarse con todo el mundo. Dicho de otra manera, Letizia ya era una niña muy habladora, cualidad que sigue conservando y que suele poner de manifiesto muy a menudo. Fue una gran estudiante y obtuvo una media de sobresaliente en sus estudios de EGB. Le encantaba disfrazarse y solía ganar todos los concursos que se organizaban en el colegio.

Con su melena lacia, Letizia fue una niña muy delgada, muy cariñosa y una *«loca por las golosinas y los caramelos»*, según recuerdan sus amigos y familiares.

Tenía apenas diez años cuando debutó en la radio. Se trataba de un programa infantil, «El columpio», que emitía Antena 3 Radio en Oviedo, emisora que dirigía su padre. Ya entonces su voz era melosa y muy radiofónica. Letizia tiene muy buenos recuerdos ligados a la radio. Tanto su padre, como su abuela, la llevaban muy a menudo a los estudios. *«Recuerdo, siendo muy niña, estar en la radio, merendando y haciendo los deberes»*, ha comentado ella msma.

¿LETICIA O LETIZIA?

La «Z» de su nombre tiene una historia muy curiosa. Los documentos del registro de su nacimiento y bautismo fueron enviados desde Oviedo, su ciudad natal, al Vaticano y allí los devolvieron con el nombre de Leticia escrito en italiano, esto es, Letizia, con «Z». Ese pequeño despiste del funcionario de turno se ha convertido en una especie de señal de identidad de la que será futura Reina de España y, todo hay que decirlo, nada más conocerse el compromiso con el Príncipe, el número de «Letizias» (con «Z») nacidas en España aumentó considerablemente.

En la ficha colegial de Letizia Ortiz, tal y como podemos ver en la fotografía, escribieron su nombre en castellano. También en sus primeras apariciones televisivas el rótulo con su nombre aparecía con la letra «C». Letizia Ortiz, con la vehemencia que le caracteriza, reivindicaba allá donde fuere –en el colegio o en la tele– que escribieran su nombre tal y como fue registrada en su día. En realidad, y para ser estrictos con las normas de la Real Academia Española, lo cierto es que los nombres propios no tienen faltas de ortografía. Escribir el nombre de Letizia con «Z» es tan correcto como hacerlo con la «C». Doña Letizia se quejaba con razón.

Fue una niña cariñosa, habladora y la volvían loca las golosinas

UNA ESPAÑOLA EN MÉXICO

Licenciada en Periodismo por la Universidad Complutense de Madrid, Letizia Ortiz cursó un Master en Comunicación Audiovisual y realizó un curso de doctorado en México, concretamente en la Universidad de Guadalajara, gracias a una beca. En aquella ciudad trabajó en el diario «Siglo XXI» y vivía alojada en casa de una familia. Tenía entonces 23 años y se tomó aquel viaje como «una experiencia académica, pero también como una experiencia vital». Era la primera vez que se separaba de su familia y afirmó que no se trataba de una huida, sino que se había hecho un plan para los próximos diez años y que quería «viajar, conocer gente y estar sola». Un año después, regresó a Madrid y se casó con su novio, Alonso Guerrero, con el que mantenía un romance desde hacía diez años.

De su experiencia mexicana, además de conocer un nuevo país y nuevas gentes, Letizia heredó la receta del guacamole, que ella gustaba de preparar en las fiestas que organizaba para sus amigos.

Letizia siempre ha estado muy unida a su familia. Siempre que puede, regresa a Asturias para disfrutar de su sidra y su cielo. Aquí la vemos con el Príncipe y sus abuelos paternos, en la casa de éstos en Ribadesella.

DE ASTURIAS A MADRID

Finalizada la EGB, Letizia ingresó en el instituto asturiano Alonso II, pero sólo estuvo allí un curso. Cuando Letizia contaba 15 años, la familia Ortiz-Rocasolano se trasladó a vivir a Madrid, por cuestiones profesionales –Jesús Ortiz trabaja actualmente en el gabinete de prensa que dirige Lalo Azcona–. En la capital, ella y sus hermanas fueron matriculadas en el instituto Ramiro de Maeztu. Allí conoció a Alonso Guerrero, profesor de Literatura, diez años mayor que ella, del que se enamoró siendo una adolescente.

Pese al traslado y su nueva vida iniciada en Madrid, nunca olvidó Asturias. Regresaba todos los años para pasar los veranos en Ribadesella, donde viven sus abuelos, y admite echar de menos *«la sidra y el cielo asturianos»*. En su mente, sin embargo, seguía fija la idea de seguir los pasos profesionales de su padre y de su abuela, Menchu del Valle. Tras finalizar el instituto, Letizia se matriculó en la Facultad de Periodismo de la Universidad Complutense de Madrid. Devoradora de libros y con una gran ansia por aprender, ha destacado siempre por conseguir todo aquello que se propone. Algunos lo llaman ambición, otros perfeccionismo. *«Desde que era muy pequeña tenía claro que quería ser periodista, como mi padre y mi abuela»*. Toda su familia coincide en afirmar que, desde niña, Letizia tenía *«la cabeza muy bien amueblada»*.

Los padres de Letizia se separaron. Jesús Ortiz ha rehecho su vida con la periodista Ana Togores. Las hermanas de Letizia, por su parte, también tienen su vida encauzada: Telma es licenciada en Económicas y vive en Jerusalén, donde trabaja para Médicos sin Fronteras, y Erika es licenciada en Bellas Artes, está casada y es madre de una niña.

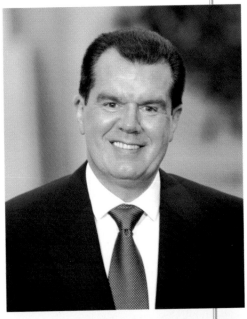

Jesús Ortiz, padre de Letizia, trabaja en la agencia de comunicación de Lalo Azcona, en Madrid.

Paloma Rocasolano, la madre, es enfermera y ha vivido entregada a la educación de sus tres hijas.

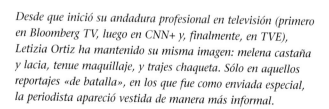

Desde que inició su andadura profesional en televisión (primero en Bloomberg TV, luego en CNN+ y, finalmente, en TVE), Letizia Ortiz ha mantenido su misma imagen: melena castaña y lacia, tenue maquillaje, y trajes chaqueta. Sólo en aquellos reportajes «de batalla», en los que fue como enviada especial, la periodista apareció vestida de manera más informal.

LA VIDA
PROFESIONAL DE
LETIZIA

Curiosamente, y aunque ya vivía en Madrid, su primer destino profesional la llevaría de nuevo a su Oviedo natal, ya que, después de finalizar el segundo curso de Periodismo, recaló como becaria en «La Nueva España», en julio de 1992. Entre sus primeros trabajos figuran una entrevista con el escritor mexicano Carlos Fuentes, un reportaje sobre la mayor lluvia de estrellas caída en los últimos 130 años, y otro sobre el tradicional descenso del Sella.

UN HORARIO INTEMPESTIVO

Estaba claro que lo suyo era la televisión. Después de pasar por el diario «ABC» y la Agencia EFE, y tras regresar de su aventura mexicana, Letizia Ortiz entró a trabajar en Bloomberg, el canal de información económica de la Agencia EFE. Muy nerviosa fuera de las cámaras, se transforma en cuanto se enciende el pilotito rojo. A Letizia Ortiz no le gusta que le alaben su físico, prefiere que la valoren como profesional, pero es obvio que la cámara la quiere.

Tras su paso por Bloomberg, fichó por CNN+. Ésta fue una de las etapas más duras de su vida profesional, ya que se encargó de presentar el informativo matinal, lo que suponía levantarse a las dos y media de la

Junto a Josep Puigbó, su compañero en la presentación del «Telediario» de TVE durante el verano de 2003. Puigbó aseguró que a Letizia se la veía por aquel entonces «feliz y enamorada», lo que no se imaginaba el periodista catalán era de quién.

En diciembre, se desvinculó por completo de TVE, donde trabajaba desde 2000

UN HOMBRE DISCRETO

Alonso Guerrero, 41 años, ha saltado del anonimato a la popularidad por un motivo absolutamente ajeno a su voluntad. Alonso estuvo casado con Letizia Ortiz durante un año. Fue una boda civil, celebrada en 1999 en Almendralejo (Badajoz), ante unas 200 personas.
Alonso Guerrero, escritor, bohemio y discreto, es autor de la novela «El hombre abreviado», cuya reedición —coincidiendo con el compromiso de su ex mujer— le ha supuesto ser uno de los autores más vendidos de este país.
Guerrero querría pasar a la historia por su carrera literaria. Los acontecimientos históricos, no obstante, lo han convertido en protagonista involuntario.

madrugada para estar en televisión a las cuatro. Siendo tan disciplinada como es, Letizia Ortiz jamás puso un reparo a aquellos madrugones. Es más, su profesión –y, especialmente, esos horarios intempestivos– le costaron su matrimonio, ya que acabó divorciándose de Alonso Guerrero, su antiguo profesor de Literatura del instituto, con el que se había casado un año antes.

EN PRIMERA LÍNEA

En 2000 llegó a TVE. Se incorporó al equipo de la segunda edición del «Telediario» y se encargó de la presentación de «Informe semanal», donde trabajó a las órdenes de Pedro Erquicia, el artífice de que Letizia Ortiz y el príncipe Felipe se conocieran en persona. En TVE también se hizo cargo de presentar los miniespacios especiales sobre el euro, hasta que llegó al «Telediario». En verano de 2003 tuvo de compañero a Josep Puigbó y, en septiembre, se incorporó al «Telediario» que dirige y presenta Alfredo Urdaci.

A su cuidada imagen y perfecta dicción, hay que añadir sus grandes dotes como comunicadora: Letizia transmite credibilidad. Es sorprendente su serenidad y aplomo a la hora de dar la información. Pero Letizia nunca quiso ser sólo «un busto parlante» y pedía que la enviaran a cubrir acontecimientos de todo tipo. Durante el tiempo que ha trabajado en TVE, Letizia Ortiz ha sido enviada a diversos acontecimientos nacionales e internacionales, desde el desastre del «Prestige» –donde, por cierto, también se desplazó el Príncipe, pero no coincidió con ella porque fueron a rías distintas– a la guerra de Irak. También informó como enviada especial a la «zona cero», tras los atentados del 11-S que sacudieron la ciudad de Nueva York.

Como profesional del periodismo, Letizia Ortiz ha ganado varios premios, entre ellos, el Premio Larra de Periodismo, que se le concedió en 2001 a la mejor periodista menor de 30 años, y, junto a sus compañeros del «Telediario», el premio «Tp».

Letizia Ortiz, cuya última nómina rondaba los 6.000 euros al mes, se desvinculó por completo de TVE en diciembre de 2003, pocos días después del anuncio de su compromiso con el Príncipe de Asturias. Para una periodista de raza como ella, tener la noticia del año y no poder darla tuvo que ser, sin duda, el primer gran sacrificio que le impuso su nueva condición de futura Reina de España.

A pesar de su juventud, Letizia Ortiz ha recibido varios reconocimientos profesionales, desde el Premio Larra de Periodismo, al «TP» de Oro que recogió en nombre de su equipo por su labor en los informativos de TVE.

La joven periodista ha cubierto varios acontecimientos nacionales e internacionales. Desde la «zona cero» del 11-S, a la guerra de Irak o el desastre del «Prestige». Abajo, la vemos en una imagen tomada en Bagdad.

Hasta el día en que se convierta en Princesa de Asturias, Letizia Ortiz Rocasolano seguirá teniendo el mismo tratamiento que hasta ahora: sencillamente, doña Letizia.

EL TRATAMIENTO DE LA FUTURA REINA

Hasta el mismo día de su enlace, y salvo que el rey resuelva algo distinto, Letizia Ortiz Rocasolano no tiene derecho a otro tratamiento más allá del de «Doña», de uso habitual en España para las señoras, por no pertenecer ella a una familia real, principesca, o noble. Se trata de un tratamiento de cortesía que en otro tiempo se daba solamente a los bachilleres y que, a día de hoy, está completamente popularizado y es de uso corriente denotando respeto y deferencia.

A partir de su boda, sin embargo, recibirá el tratamiento propio de la consorte del Príncipe de Asturias, es decir, el de Su Alteza Real la Serenísima Señora Doña Letizia Ortiz Rocasolano, Princesa de Asturias, Princesa de Viana, Princesa de Gerona, Duquesa de Montblanc, Condesa de Cervera y Señora de Balaguer. Tendrá entonces derecho a los honores debidos a la consorte del Príncipe de Asturias, entre los cuales está la reverencia debida a las personas reales si bien, y como cortesía, ya ha recibido dicha reverencia en algunas ocasiones como durante su reciente presentación a la Diputación de la Grandeza de España.

LAS JOYAS DE
LETIZIA

Letizia no es una mujer dada a llevar joyas. Posiblemente, y para las bodas reales, doña Sofía le preste algunas.

Por el momento doña Letizia solamente ha recibido como joyas de valor los regalos que el Príncipe y doña Sofía le entregaron el día de la petición de mano. El regalo de don Felipe fue un collar de perlas y zafiros de la Familia Real española, que bien pudiera ser uno de los varios collares de la Condesa de Barcelona sobre el que se hubieran montado algunos zafiros. Doña Sofía, por su parte, la obsequió con un colgante que fue propiedad de su propia madre, la reina Federica de Grecia, que pudiera ser un pequeño hilo de perlas del que cuelga un rubí o un zafiro. Es más que probable que para la boda del príncipe heredero Federico de Dinamarca, a la que doña Letizia asistirá junto al Príncipe de Asturias, doña Sofía le preste alguna diadema familiar, dada la tradición de cenas y ceremonias de gala con grandes joyas, propia de las monarquías escandinavas con ocasión de sus bodas reales.

Finalmente, y para su boda, la futura Princesa de Asturias recibirá alguna pieza de familia que pasará a ser de su propiedad. Se tratará seguramente de una pieza no muy pesada y que permita los movimientos. Para ello puede considerarse un diseño nuevo creado a partir de piedras antiguas de la Familia Real, o bien alguna diadema de la Casa Real como la del joyero francés Mellerio, diseñada en forma de concha recamada de brillantes de la que penden importantes perlas.

Una vez casada, tendrá derecho a los honores propios de Princesa de Asturias

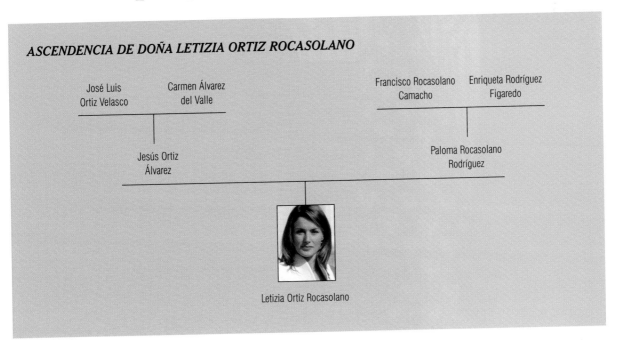

ASCENDENCIA DE DOÑA LETIZIA ORTIZ ROCASOLANO

José Luis Ortiz Velasco — Carmen Álvarez del Valle

Francisco Rocasolano Camacho — Enriqueta Rodríguez Figaredo

Jesús Ortiz Álvarez

Paloma Rocasolano Rodríguez

Letizia Ortiz Rocasolano

FELIPE Y LETIZIA
A FONDO

Felipe tiene mucho de su familia materna: prudencia, responsabilidad y una cierta timidez. De los Borbón ha heredado su sentido del humor.

os dos son jóvenes y tienen muchos puntos en común. A ambos les gusta la lectura, viajar y están muy sensibilizados con aquellos temas que tienen que ver con las clases más desfavorecidas, no soportan la injusticia y les preocupa mucho todo lo que tenga que ver con la naturaleza y el medio ambiente. Los dos son grandes amantes del cine y el teatro. Y les encanta bailar. A Felipe pueden darle las tantas en una pista de baile y a Letizia le apasiona la salsa que, dicen, baila muy bien. Pero también hay diferencias. Para Felipe, el deporte ocupa una buena parte de su tiempo libre; Letizia, en cambio, sólo acude al gimnasio cuando quiere olvidarse del estrés. Él es reservado; ella, por contra, es una conversadora incansable. El círculo de amigos de Felipe son príncipes, aristócratas, burgueses o militares. El de Letizia, principalmente, periodistas.

EL PRÍNCIPE ECOLOGISTA

Al igual que Letizia Ortiz, el príncipe Felipe también ha vivido su propia aventura televisiva. Fue en los años noventa, con motivo del rodaje de la serie de TVE «La España salvaje», un documental dedicado a la naturaleza y conservación del medio ambiente en nuestro país. Felipe de Borbón era el encargado de presentar cada uno de los episodios y, durante el rodaje, hizo muy buenas migas con todos los miembros del equipo de TVE. Compartió con ellos muchas jornadas de madrugones y bocadillos de sardinas en los pocos descansos que permitía el rodaje, una serie muy ambiciosa que tuvo, además, un gran éxito de audiencia.

Don Felipe es una persona muy querida por los españoles. Durante años ha sido el soltero de oro de las monarquías europeas y allá a donde iba, siempre oía los gritos de «¡Guapo!».

PERFIL HUMANO DEL PRÍNCIPE

Tiene más de la familia Grecia que de la familia Borbón, tanto en el físico, como en su personalidad. Dicen que se parece mucho a su abuelo materno, el rey Pablo de Grecia. Es un hombre con un gran sentido del deber y de la responsabilidad, reflexivo, tímido, prudente y bastante testarudo, lo que le ha valido el mote familiar de «Carlos V». El Príncipe tiene una cualidad que cualquier mujer sabría apreciar en él: sabe escuchar y lo hace mirando atentamente a los ojos. Don Felipe es, también, un hombre muy sentimental, un romántico, tranquilo y muy celoso de su intimidad, una parcela que sólo conocen sus más allegados. Le gusta llevar una vida muy sana, lo que no quita que, de vez en cuando, salga de copas con sus amigos hasta altas horas de la madrugada. Claro que ese comportamiento de joven soltero y sin novia se ha acabado ya para don Felipe. Ahora su tiempo libre lo dedicará a estar con la que será su futura esposa, Letizia.

UN SENTIDO DEL HUMOR «MUY BORBÓN»

En lo que sí se parece a la familia del Rey es en el sentido del humor. Le encanta contar chistes, y se dice que es un hacha haciendo imitaciones de personajes famosos. En definitiva, un sentido del humor que podría considerarse «muy Borbón». Con su 1,97 de estatura y sus 85 kilos de peso, don Felipe tiene una «percha» impresionante. Pese a ello, le hacen los trajes y las camisas a medida. Le gusta mucho la ropa y pocas veces se le ve con abrigo, ya que prefiere las cazadoras, especialmente de ante. De pequeño coleccionaba soldados de plomo; luego, mecheros y, actualmente, chistes y caricaturas que se publican sobre él.

Entre sus muchas preocupaciones, figura todo aquello que tiene que ver con la juventud, con los derechos humanos, con la ecología y, por supuesto, con el terrorismo. Colabora con proyectos sociales como «Mensajeros por la Paz» y trabaja estrechamente con la Fundación Príncipe de Asturias, que él preside.

FELIPE,
LOS AMIGOS
DE SIEMPRE

La amistad ha sido desde siempre uno de los grandes valores de don Felipe, quien en alguna ocasión ha dicho: «La amistad es una necesidad; una manera profunda de compartir ideas, juegos y diversiones». Buena prueba de ello es que, aún a día de hoy, muchos de sus amigos más íntimos son antiguos compañeros de su paso por el colegio Los Rosales, de Madrid, con quienes ha compartido juegos, correrías, amores y alguna que otra juerga.

Sus primeros amigos proceden del círculo familiar, como es el caso de los hijos de su tío, el rey Constantino de Grecia, y especialmente los varones, los príncipes Pablo y Nicolás, que le son más cercanos en edad. Junto a ellos, los hijos de sus tías, las infantas doña Margarita y doña Pilar, y los hijos del infante don Carlos. Ellos fueron sus primeros compañeros de juegos en la infancia, con la notable inclusión en ese círculo de los hijos del rey Simeón de Bulgaria, actual primer ministro de aquel país, con quienes mantiene un vínculo muy estrecho. Todos ellos se han tratado mucho desde pequeños por pertenecer al restringido grupo de príncipes reales residentes en España (los príncipes griegos residen en Londres, pero han sido siempre muy asiduos visitantes de nuestro país). De entre todos ellos, don Felipe ha mantenido una amistad particularmente estrecha con el príncipe Nicolás de Grecia, que le ha acompañado en varios de sus viajes, y con los príncipes Kyril, Kubrat y Konstantin de Bulgaria.

A los primeros compañeros de juegos vinieron a unírseles los queridos amigos del colegio, con muchos de los cuales el Príncipe ha mantenido una amistad sin fisuras, en la que caben intimidades y secretos personales. Es sabido que los Reyes no quisieron educar a sus hijos en un entorno puramente aristocrático, y de ese hecho deriva que muchos

Sobre estas líneas, el Príncipe, en la boda de Javier Medem y Almudena Corral, en la que actuó como padrino.

Arriba, a la izquierda, la princesa Cristina de Borbón Dos Sicilias, hija de los duques de Calabria, y su marido, Pedro López Quesada.

Arriba, a la derecha, el príncipe Nicolás de Grecia, hijo del rey Constantino y, por tanto, primo de don Felipe, uno de sus mejores amigos.

ISABEL SARTORIUS
Fue el gran amor de juventud del Príncipe. Él tenía 23 años y ella, 27. La edad y otros factores, entonces insalvables, fueron un obstáculo en la relación.

GIGI HOWARD
Por pincharle el teléfono, un periodista acabó en prisión. Su romance con el Príncipe se gestó en Estados Unidos y se culminó en playas paradisíacas y en España.

EVA SANNUM
Don Felipe se enamoró de esta bella noruega y vivió un romance intermitente durante tres años. Los Reyes y buena parte de la opinión pública española nunca aprobaron esta historia de amor.

de los integrantes de este grupo de amistades sean hijos de importantes familias del mundo de los negocios, con alguna que otra excepción. Entre ellos, los más cercanos a don Felipe han sido siempre los hermanos Álvaro y Ricky Fuster, hijos del representante en España de la multinacional norteamericana MacDonnell-Douglas, y también Javier López Madrid, hijo de un acaudalado gestor de inversiones inmobiliarias.

Con el tiempo el círculo de amistades se fue ampliando para incluir a otras personas como Miguel Goizueta (cercano al mundo del budismo) quien, junto a los hermanos Fuster y Javier López Madrid, formaba parte del grupo de íntimos de Isabel Sartorius. Posteriormente, se incorporaron también los empresarios Carlos Mundi y Pepe Barroso (propietario de la famosa marca «Don Algodón»), que abrieron al Príncipe la puerta al mundo de las modelos de pasarela y le pusieron en contacto con Eva Sannum. En aquel tiempo, don Felipe también mantenía una estrecha amistad con el príncipe heredero Haakon Magnus de Noruega, cuya novia era, igualmente, una modelo amiga de Eva Sannum. Del mismo modo, fue el Príncipe quien, tiempo después, presentó a su primo, el príncipe heredero Federico de Dinamarca, y a la abogada australiana Mary Donaldson, a cuya boda asistirá el próximo mayo en compañía de doña Letizia Ortiz.

INVITADOS A ZARZUELA

En otro orden de cosas, don Felipe conserva algunos buenos amigos de su paso por las academias militares (en especial la de la Armada) y, por lo que respecta al mundo de la nobleza, siempre ha mantenido una excelente relación con hijos de aristócratas como Pelayo Primo de Rivera, las hermanas Belén y Blanca Domecq Zurita (hijas del vizconde de Almocadén), y Sandra Falcó (hija del marqués de Griñón), con quien comparte su gran sentido del humor y su gran afición por los chistes y las bromas. También ha asistido a numerosas bodas de otros amigos del entorno aristocrático como es el caso de su primo lejano Alfonso de Borbón y Medina.

Con la mayoría de todos ellos ha compartido experiencias de adolescencia y de juventud y varios de ellos han sido visitantes asiduos del palacio de La Zarzuela, donde montaban a caballo (Kubrat de Bulgaria sufrió una fractura por una caída), jugaban al tenis o al squash (como es el caso de ese otro amigo que es Juan Antonio Jiménez Izquierdo), o practicaban otros deportes. Juntos también salían por la noche madrileña por lugares en otro tiempo de moda como «Archie», el restaurante «La Bardemcilla», propiedad de la familia Bardem, o el bar «El Cock», en el populoso barrio de Chueca. Otros locales eran las coctelerías «El 21» y el «Sportsman», y los restaurantes «Casa Lucio» (uno de los favoritos del rey), «El Cuchi» (donde conoció a Eva Sannum), o la popular «Taberna del Alabardero». En verano, coincide habitualmente con Carlos y Jorge Ortiz, que fueron compañeros de tripulación del velero «Aifos» («Sofía» al revés), y también con Nicolás de Grecia que se pasea por Puerto Portals en su flamante descapotable.

Un grupo selecto de amigos íntimos le apoyaron siempre en sus romances de juventud. Era frecuente ver a don Felipe en la finca de los Fuster en el pantano de San Juan, cerca de Madrid, en compañía de Isabel Sartorius, con quien también estuvo en Mallorca en el verano de 1989, acompañado del príncipe Kubrat de Bulgaria y de su entonces novia, Carla Royo-Villanova. También solían frecuentar la finca de Isabel Sartorius en Peraleda de la Mata, y la de Javier López Madrid en Peña-

Su amistad con el príncipe Haakon de Noruega propició que don Felipe conociera a la modelo Eva Sannum

randa de Bracamonte. Por mediación de su primo y amigo Pablo de Grecia conoció a la norteamericana Gigi Howard, amiga de Marie Chantal Miller, entonces novia del príncipe griego. Javier López Madrid fue, así mismo, quien acogió en su mansión de Madrid a Gigi Howard durante su breve estancia en España.

«TOMÁS», UN SEUDÓNIMO PARA DESPISTAR

Entre sus amigos don Felipe ha sido conocido como «Tomás», y con varios de ellos viajó a la India (donde posó junto a Eva Sannum ante el hermoso Taj Mahal), a Venezuela y a Rusia, en los últimos años. En la actualidad, y con varios miembros del grupo ya casados, el Príncipe ha abierto su círculo de amistades y fruto de ello es el haber conocido a su prometida en un entorno muy distinto. La llegada de doña Letizia Ortiz a su vida ha supuesto para él una apertura que, sin duda alguna, le ha llevado a conocer amigos de un ambiente distinto para él y más cercano a la realidad popular.

Arriba, a la izquierda, Haakon de Noruega, príncipe heredero, es uno de los mejores amigos de don Felipe. En su boda con Mette-Marit, el Príncipe coincidió con su entonces «novia» Eva Sannum.

Kubrat, hijo de Simeón II de Bulgaria –actual primer ministro de su país–, y su esposa, Carla Royo Vilanova forman parte de su círculo de amistades.

GUSTOS Y
AFICIONES

El deporte ocupa la mayor parte del tiempo libre de Felipe de Borbón. La vela, en verano, y el esquí, en invierno, son, sin duda, sus deportes favoritos. Pero también lo son la caza, la equitación y el fútbol (por cierto, don Felipe es un reconocido seguidor del Atlético de Madrid). La lectura, el billar y la velocidad (conduce muy rápido, pero muy bien), figuran también entre sus aficiones. En cuanto a la comida, el Príncipe de Asturias se inclina por la dieta mediterránea: carne, pescados, arroces y ensaladas.

El deporte ocupa la mayor parte de su tiempo libre. El Príncipe es un avezado jinete, un experto esquiador y un consumado navegante, aficiones que pronto «contagiará» a Letizia.

Es de buen comer, le gusta la dieta mediterránea y no le hace ascos a un bocadillo de sardinas, como el que se comió durante un descanso del rodaje de la serie de TVE «La España salvaje».

PERFIL HUMANO DE LETIZIA

A nadie le ha pasado inadvertido el gran carisma y la fuerte personalidad de Letizia Ortiz, una mujer decidida, simpática –siempre tiene la sonrisa en la boca– y, por supuesto, muy atractiva. Si en la pequeña pantalla podía parecer una persona fría y distante, quienes la conocen bien coinciden en afirmar que es una mujer que gana muchísimo en las distancias cortas. Sus ojos tienen un brillo especial y su sonrisa es abierta y sincera. Es sociable, coqueta, muy activa –gesticula mucho cuando habla– y tiene un gran dominio a la hora de controlar los nervios.

TENAZ Y PERFECCIONISTA

Precisamente porque es muy nerviosa, parece que todo lo que ingiere a la hora de comer no afecta en absoluto a su estilizada silueta. Aunque no practica mucho deporte –sólo iba a un gimnasio próximo a su casa de Valdebernardo, su piso de soltera, para aplacar su estrés–, las calorías las quema con una intensa actividad diaria. Letizia está llena de energía y es muy trabajadora.

Como buena asturiana, le encanta la fabada –un plato, junto con las fabes con almejas, que también le gusta mucho al Príncipe– y otros platos de cuchara, como los potajes. En los últimos tiempos, sin embargo, ha optado por una alimentación sana y equilibrada, casi vegetariana; una dieta en la que coincide con los gustos de la reina So-

ALEGRE Y EXTRAVERTIDA

Sus compañeros de TVE la recuerdan como una mujer muy simpática, amable con todo el mundo y siempre con la sonrisa en la boca. «Es humilde y nada estirada», han dicho de ella. Las maquilladoras y las peluqueras del turno de tarde se sentían orgullosas del trato que tenía con ellas Letizia Ortiz, ya que se refería a ellas como sus «colegas». No hacía discriminaciones con nadie y se cuenta que una vez no saludó a un técnico por puro despiste y como a éste no le sentó nada bien, desde entonces procuraba saludarlo, con más entusiasmo si cabe, que al resto, de modo que el hombre no se sintiera menospreciado en ningún momento.

Letizia es una mujer abierta, extravertida, y le gusta crear buen ambiente a su alrededor; lo que no excluye que a la hora de trabajar sea muy exigente y muy profesional, procurando que nunca quede ningún cabo suelto. Y aunque nunca calla lo que piensa, lo dice con una educación exquisita.

fía. Verduras, pescados, patatas y ensaladas son también de su agrado.

Entre los rasgos de su personalidad que más destacan, sin duda, están la tenacidad –consigue todo aquello que se propone– y el perfeccionismo. Es una gran amante de la naturaleza y de la cultura. Le gusta mucho leer, sobre todo literatura clásica, el teatro, el cine y el ballet, disciplina artística que ella realizó de niña. Le encantan los animales, algo que también fascina a su prometido, y, a lo largo de su vida, ha tenido varios perros. Incluso fue capaz de fotografiarse con un cachorro de león entre sus brazos. Letizia es una mujer muy independiente, culta y posee un alto criterio personal a la hora de analizar la sociedad actual. Defiende los derechos de la mujer y siempre ha manifestado su preocupación por temas de carácter social.

De no haber sido periodista, Letizia Ortiz podría haber sido una excelente bailarina clásica, tal y como explicó su profesora, Marisa Fanjul: «De niña ya era una perfeccionista y, si hubiera querido, habría llegado a ser una bailarina excelente».

Su vida sentimental es de todos conocida. Se enamoró de su profesor de literatura, Alonso Guerrero, con el que mantuvo un largo noviazgo y un corto matrimonio –apenas un año–. Tras ese fracaso sentimental, estuvo unida al también periodista David Tejera, durante un periodo de tres años. Su noviazgo acabó antes de que Letizia iniciara la relación con don Felipe.

Letizia y Felipe se hacen una confidencia. La diferencia de altura entre ellos es considerable: él mide 1,97 y ella, 1,70.

La pareja no cesa de prodigarse miradas cómplices en todos aquellos actos a los que ha asistido.

Letizia es una mujer decidida
y simpática, que siempre trata a todo
el mundo por igual

LETIZIA, UN NUEVO ESTILO

PREFIERE EL PANTALÓN A LA FALDA

Algunas de sus preferencias en el vestir se han visto modificadas en las últimas semanas. Sin duda, la más notoria es que ha comenzado a vestir falda, una prenda que, inicialmente, no le gusta llevar porque Letizia siempre ha tenido un pequeño complejo de piernas delgadas. Ése es el motivo por el que siempre ha preferido lucir pantalón.

Su paulatina incorporación a la Familia Real le ha llevado a abandonar un poco su imagen de «chica moderna con pantalón» para comenzar a lucir vestidos más sobrios y, posiblemente, más adecuados para según qué tipo de actos, como el XXV aniversario de la Constitución o la recepción que los Reyes ofrecieron a los Grandes de España, ocasión en la que Letizia se decantó por un modelo de color granate (en la fotografía).

Se la ha comparado con Rania de Jordania, pero lo cierto es que Letizia Ortiz tiene un estilo propio y muy definido. La imagen es esencial para ella y por eso la cuida mucho. Tiene la costumbre de cepillarse el pelo cada veinte minutos. Lleva el cabello castaño, con mechas, y no suele cambiar de peinado. En ese sentido, tiene las ideas tan claras que un día su peluquera de TVE le dijo: *«El día que te cases, pobrecita la peluquera»*. Letizia no pudo menos que reírse ante tal ocurrencia.

Tiene un cutis buenísimo, que ella cuida con cremas hidratantes. Se maquilla muy poco, pero lo hace muy bien. Le gustan las tonalidades claras para el invierno y un poco más tostadas para el verano. Los labios se los pinta de forma muy tenue y siempre lo hace ella misma. Nunca dejó a las maquilladoras de televisión que le perfilaran la boca.

A la hora de vestir, Letizia se inclina por los trajes chaqueta, prendas que solía usar en televisión. El famoso escote «chimenea» le favorece mucho, ya que tiene el cuello y los hombros muy bien proporcionados. Adolfo Domínguez y Armani son sus diseñadores favoritos; de hecho, eligió al diseñador español para el primer día que apareció ante la prensa, una vez hecho público el noviazgo, y al italiano para el traje del día de la petición de mano. Cuando no trabaja, su estilo es informal, pero sin extravagancias. No le interesa demasiado la moda y apuesta por lo que sabe que le queda bien. La diferencia de altura entre ella y el Príncipe, por cierto, obliga a Letizia a hacer uso de zapatos con un tacón muy alto. Él mide 1,97 y ella, 1,70.

Romántico paseo de don Felipe y doña Letizia en Asturias al mes de anunciarse su próxima boda.

HISTORIA DE UN GRAN
AMOR

— El compromiso matrimonial más esperado —

HISTORIA DE UN GRAN
AMOR

Un noviazgo secreto, una noticia por sorpresa, la complicidad de los más allegados... La pareja ha protagonizado una de las más bellas historias de amor.

Durante un tiempo tuvieron que ocultar su amor, pero supieron defenderlo a capa y espada para que nada ni nadie se interpusiera entre ellos. Don Felipe había aprendido la lección, tras el triste episodio de su noviazgo y ruptura con Eva Sannum –de la que, realmente, se había enamorado– y no quiso que presiones externas dieran al traste con esta nueva relación. El corazón de Felipe de Borbón se había vuelto a enamorar y deseaba que esta vez fuera para siempre. Letizia Ortiz también había sufrido por amor y, por su profesión, no quería que un presunto romance con el Príncipe acabara con su prestigio profesional, labrado a base de mucho estudio y mucho trabajo. Pese a las dificultades, descubrieron que estaban hechos el uno para el otro. Don Felipe sabe que algún día será rey y Letizia ha aceptado ser su compañera en tan alto destino.

EL MEDIADOR

Pedro Erquicia, director de «Documentos TV» (TVE), mantiene una estrecha relación con el príncipe Felipe desde que lo entrevistara para «Informe semanal» con motivo de su 30 cumpleaños. Erquicia, por otra parte, suele organizar cenas en su casa del madrileño barrio de Salamanca con invitados de distintos ámbitos; unas cenas a las que asisten periodistas, intelectuales, políticos... e incluso príncipes.

EL PRIMER
ENCUENTRO

Letizia Ortiz era una cara conocida de TVE y a nadie pasaba inadvertido que su imagen en pantalla era excelente: seria, segura de sí misma y muy guapa. El príncipe Felipe se había fijado en ella, simplemente como espectador, hasta que fue descubriendo que Letizia parecía una mujer especialmente interesante.

Conocer a Letizia Ortiz en persona se convirtió en un deseo para el joven Príncipe, por eso acudió a su buen amigo Pedro Erquicia para que organizara una fiesta. Erquicia así lo hizo, y el 17 de octubre de 2002 convocó a un grupo de personas, entre ellos varios periodistas, sin avisarles de que don Felipe sería uno de los comensales. Letizia Ortiz, que nunca había estado en casa de Pedro Erquicia, había sustituido aquel verano a Baltasar Magro en la presentación de «Informe semanal» y acudió acompañando al subdirector del citado programa. Todos los asistentes acudieron con sus parejas... menos el Príncipe y Letizia Ortiz. Además, eran los más afines en lo que se refiere a la edad, razón por la que enseguida entablaron conversación. Se sentaron juntos y no pararon de hablar en toda la noche, no sólo de temas de actualidad internacional, como los atentados del 11-S, sino también de temas más particulares, como las respectivas casas que ambos acababan de estrenar. Unas casas ciertamente distintas: él, su palacete de Zarzuela; ella, un coquetón apartamento en la zona de Vicálvaro.

ÉL LE PIDIÓ EL NÚMERO DE TELÉFONO

Quienes compartieron aquella velada recuerdan que don Felipe y Letizia congeniaron desde el primer momento. El Príncipe se quedó tan impresionado que le pidió el número de teléfono. Letizia jamás imaginó que aquel primer encuentro acabaría en matrimonio, no porque no se hubiera sentido atraída por la personalidad de don Felipe, sino por su posición y su rango. Por otro lado, Letizia todavía estaba unida sentimentalmente al periodista David Tejera, aunque su relación pasaba por momentos muy bajos.

Después de ese primer encuentro, Letizia no le puso las cosas fáciles a don Felipe. Hasta cuatro veces tuvo que telefonearla para conseguir una cita con ella a solas. Letizia, sin duda, se mostraba muy halagada –¡y quién no!–, pero no deseaba convertirse en «un presunto romance» del Príncipe y que ello afectara a su prestigio personal y profesional. Curiosamente, era ella y no él la más preocupada por el hecho de que la relación no llegara a trascender a la prensa.

Congeniaron desde el primer momento, pero el Príncipe tuvo que telefonear a Letizia hasta cuatro veces para que ella aceptara salir con él a solas

PREMIOS PRÍNCIPE DE ASTURIAS

UNA ENTREGA DE PREMIOS MUY ESPECIAL

El teatro Campoamor de Oviedo acogió, como todos los años, la entrega de los premios Príncipe de Asturias. El 2003, sin embargo, será una fecha muy especial para don Felipe y Letizia Ortiz. Él presidía los premios y ella cubría la información para TVE. Al finalizar la retransmisión, el Príncipe saludó a Letizia. Sólo ellos sabían de su amor.

NOVIAZGO SECRETO

Siendo ella periodista y teniendo, como tiene, un círculo de amigos de la profesión, era realmente complicado iniciar y mantener una relación sentimental con, nada más y nada menos, que el heredero de la Corona de España. Sus compañeros del «Telediario» detectaron que a Letizia le brillaban los ojos de una manera especial. Se notaba que estaba enamorada, pero cuando le preguntaban, ella sólo hablaba de *«mi chico»* y de que éste se llamaba Juan y era diplomático. También don Felipe había iniciado una historia con la que había recobrado la ilusión perdida, tras su relación con la noruega Eva Sannum.

Desde la cena en casa de Erquicia y hasta que ambos estuvieron seguros de sus sentimientos, los encuentros de don Felipe y Letizia tenían lugar en casas de amigos o familiares –el domicilio barcelonés de los duques de Palma, entre ellos– y en algunos locales exclusivos de Madrid. La relación se afianzó en verano de 2003 y, en septiembre de ese mismo año, tomaron la firme decisión de casarse. Fue entonces cuando Letizia fue presentada a los Reyes, quienes aceptaron –no sin cierta reticencia– la decisión tomada por su hijo, que estaba dispuesto a renunciar a sus derechos dinásticos si no se aceptaba su boda. Y mientras todo esto ocurría, la prensa seguía sin enterarse.

El príncipe Felipe entregó el galardón que lleva su nombre al presidente brasileño Lula da Silva. Al lado, saludando a Letizia, tras la entrega de los premios.

El viernes 31 de octubre, y haciendo gala de un enorme autocontrol, Letizia se puso, por última vez, ante las cámaras

EL ÚLTIMO TELEDIARIO

Tomada la decisión de casarse, y puesto que ya no había marcha atrás, se trataba de planear una estrategia para dar a conocer a los españoles quién iba a ser la futura Princesa de Asturias. Fue entonces cuando se decidió que Letizia Ortiz pasara a presentar la segunda edición del «Telediario», que dirige y presenta Alfredo Urdaci. De este modo, la imagen de Letizia se iría haciendo familiar a todo el mundo antes de que fuera anunciado oficialmente el compromiso.

Claro que, a veces, noticias como la boda de un príncipe es difícil mantenerlas en secreto. Periodistas veteranos en el seguimiento de la Casa Real habían recibido información confidencial acerca de un posible noviazgo de don Felipe con una *«española, profesional y de unos 30 años»*. Tico Medina y Jaime Peñafiel fueron dos de ellos, aunque fue Rafael Manzano, en el programa de Iñaki Gabilondo de la Cadena SER, quien se atrevió a difundir la noticia, sin dar el nombre de la novia, el viernes 31 de octubre. Horas después, el nombre de Letizia Ortiz sonaba en las redacciones de los medios de comunicación más importantes.

Los «paparazzi» se pusieron en marcha y, a las pocas horas, habían cercado Torrespaña, a donde había llegado Letizia Ortiz, sobre las dos y media de la tarde, para preparar y presentar el informativo. Pocos en TVE eran conocedores del secreto que guardaba Letizia, entre ellos, el director general del Ente, José Antonio Sánchez, y, el director de Informativos, Alfredo Urdaci, pero todos tenían órdenes de proteger a su presentadora estrella. El teléfono móvil de Letizia no paraba de sonar y ella, inicialmente, desmentía la información. En medio de un nerviosismo lógico e inhabitual –por la trascendencia de la noticia y porque era evidente que la liebre había saltado–, Letizia habló con el Príncipe y se acordó anunciar el compromiso al día siguiente.

Letizia siguió su ritual diario antes de iniciar el «Telediario»: eligió el vestuario, acudió a maquillaje y peluquería y, puntualmente, estuvo en el plató, junto a su jefe, Alfredo Urdaci. Con un autocontrol digno de destacar, Letizia se puso ante las cámaras, por última vez, ese viernes 31 de octubre. Después, salió con rumbo desconocido.

Letizia Ortiz pasó al «Telediario» segunda edición, que dirige Alfredo Urdaci, a mediados de septiembre.

ANUNCIO DEL
NOVIAZGO

El 1 de noviembre de 2003, festividad de Todos los Santos –sábado y festivo, es decir, un día de poca actividad informativa– fue una jornada de intenso trabajo para la profesión periodística. A las 19 horas, Casa Real hizo público un comunicado, informando del compromiso del Príncipe, con el siguiente texto:

«Sus Majestades los Reyes tienen la gran satisfacción de anunciar el compromiso matrimonial de su hijo, Su Alteza Real el Príncipe de Asturias Don Felipe, con Doña Letizia Ortiz Rocasolano.

La petición de mano tendrá lugar en el Palacio de la Zarzuela el próximo jueves, día 6 de noviembre.

La boda se celebrará a principios del verano de 2004 en la Catedral de Santa María la Real de la Almudena de Madrid.

Palacio de la Zarzuela, 1 de noviembre de 2003»

El anuncio pilló desprevenidos a todos los españoles, que se sorprendieron, no sólo por la noticia –muy esperada, por otra parte–, sino también por la enorme discreción con la que se habían desarrollado todos los acontecimientos. Desde ese momento, el bombardeo de información fue constante. Y es que la boda del Príncipe de Asturias era una noticia de primera magnitud.

CASA DE S. M. EL REY

Sus Majestades los Reyes tienen la gran satisfacción de anunciar el compromiso matrimonial de Su hijo, Su Alteza Real el Príncipe de Asturias Don Felipe, con Doña Letizia Ortiz Rocasolano.

La petición de mano tendrá lugar en el Palacio de la Zarzuela el próximo jueves, día 6 de noviembre.

La boda se celebrará a principios del verano de 2004 en la Catedral de Santa María la Real de la Almudena de Madrid.

Palacio de la Zarzuela, 1 de noviembre de 2003

EL COMUNICADO DE LA CASA REAL

Los rumores estaban ya en la calle y los acontecimientos se precipitaron. Pero todo estaba previsto y Casa Real salió al paso de cualquier rumorología anunciando de manera oficial el compromiso del Príncipe y Letizia Ortiz.

Con un escueto escrito, que Casa Real envió por fax a todos los medios de comunicación, quedaba zanjada una de las cuestiones que más preocupaba a los españoles: cuándo y con quién iba a casarse el Príncipe de Asturias.

Felipe y Letizia, en su primera comparecencia ante la prensa, tras el comunicado de su compromiso.

En las fotografías tomadas durante
su visita a Asturias, en diciembre
de 2003, podemos observar que,
tanto Felipe como Letizia, tienen
unos gustos similares a la hora
de vestir en sus momentos de ocio:
jerseys y cazadoras de piel en tonos
marrones. Un estilo informal, pero
sin extravagancias.

A la izquierda, Felipe y Letizia, en dos momentos de la visita que realizaron a los abuelos de la novia, Menchu Álvarez del Valle y José Luis Ortiz, en Ribadesella.

Letizia manifestó, el día de la petición de mano, su deseo de viajar cuanto antes a Asturias. Lo hizo apenas un mes después. En las dos instantáneas superiores, podemos ver el romántico paseo que la pareja realizó por las cercanías de la casa de sus abuelos.

En su primer viaje a Asturias como prometida del Príncipe, Letizia y Felipe visitaron a los abuelos de ella

ECO INTERNACIONAL

El compromiso matrimonial del heredero de la Corona española ha tenido una amplia resonancia en la prensa mundial, sobre todo en la europea.

La noticia, junto con las imágenes de don Felipe y doña Letizia, ha ocupado las portadas de las publicaciones de mayor prestigio internacional.

EN TODAS LAS
PORTADAS

El seguimiento informativo del anuncio del noviazgo, la petición de mano y los actos a los que ha asistido Letizia Ortiz, ya como prometida del Príncipe, ha sido muy exhaustivo. Todos los medios de comunicación nacionales e internacionales, escritos y audiovisuales, han recogido todos los pasos de la pareja y han analizado minuciosamente la imagen, las palabras y los gestos de las que será futura Princesa de Asturias.

ESCAPADA A ASTURIAS

Bien es cierto que, desde que su noviazgo se hizo oficial, Letizia se ha dejado ver en pocas ocasiones. Instalada en el ala de invitados del palacio de la Zarzuela, las primeras semanas se hizo muy cara de ver. Su primera aparición oficial, tras la petición de mano, fue con motivo del XXV aniversario de la Constitución, mientras que su primera «escapada privada» fue a Asturias, la comunidad que vio nacer a Letizia, para visitar a los abuelos paternos de ella.

Felipe y Letizia han sabido seguir manteniendo la discreción que caracterizó sus primeros meses de noviazgo. Sabemos que han viajado a alguna capital europea, que han estado esquiando en Suiza –Letizia tomó clases de esquí, previamente, en el complejo lúdico «Xanadú»–, y que han ido al teatro y al cine con relativa frecuencia. Letizia estuvo, a mediados de enero, en Barcelona, de incógnito; comió con su futura cuñada, la infanta Cristina, y visitó a varios diseñadores. Sin embargo, apenas hay constancia fotográfica de todas estas salidas.

La prensa española ha realizado un amplio despliegue ante la noticia. El bello rostro de Letizia y las fotos de los novios, como puede observarse, han llenado las portadas de las principales publicaciones de nuestro país.

MUY BIEN
ACOGIDA POR
LOS ESPAÑOLES

A la sorpresa del comunicado de la Casa Real, siguió un sinfín de comentarios de todo tipo. El hecho de que fuera una joven universitaria, profesional, y de que no perteneciera ni a la realeza ni a la aristocracia, fue muy bien acogido por los españoles. Incluso su condición de divorciada, debatida ampliamente, no llegó a considerarse un obstáculo para su relación con el Príncipe, habida cuenta de la edad de Letizia Ortiz –31 años–, que implica una experiencia de vida.

MUY POPULAR EN LAS ENCUESTAS

Sea como fuere, el nombre de Letizia Ortiz ha saltado al primer plano de la actualidad. Muchos medios de comunicación han realizado encuestas de aceptación y, por ejemplo, la realizada por la revista «Tiempo», en su número 1.133, arrojaba un resultado arrollador: el 72% de los encuestados consideró que Letizia reúne las cualidades necesarias para ser reina de España.

PROTAGONISTAS DE VARIOS LIBROS

Además de la obra que el lector tiene ahora mismo entre sus manos, Felipe y Letizia han suscitado un gran interés editorial en nuestro país. Desde la reedición –actualizada– de la magnífica y documentada biografía de don Felipe, «El Príncipe», escrita por el periodista José Apezarena, hasta un delicioso cuento para niños, titulado «La princesa Letizia. Érase una vez...», de Carlos Recio, varios son los autores que han escrito sobre la pareja.

Las periodistas Ángela Portero y Paloma García-Pelayo han titulado su libro «Tú serás mi reina», en el que relatan, paso a paso, la relación de don Felipe y Letizia Ortiz. El poeta y escritor José Infante ha preferido preguntarse «¿Reinará Felipe VI?».

Por último, Fernando Gracia ilustra la portada de su libro, «La boda del siglo», con una acuarela del pintor José Carlos Gracia, que representa a una Letizia con velo blanco y una imaginaria corona de Princesa de Asturias.

EL DÍA DE SU
COMPROMISO

— 6 de noviembre de 2003 —

EL DÍA DE SU
COMPROMISO

*Doña Letizia hizo gala de su
carácter abierto y decidido, durante
la sesión fotográfica que siguió
a la petición de mano.*

L a noticia más esperada de los últimos años se produjo el 1 de noviembre de 2003. El nombre de Letizia Ortiz ya sonaba en muchas redacciones y, antes de que se disparara la rumorología que diera al traste la relación, la Casa Real anunció el compromiso del Príncipe de Asturias con la señorita doña Letizia Ortiz Rocasolano, en un escueto comunicado. *«¡Que el príncipe se casa con la periodista del Telediario!»* era el comentario que más se oía en la calle y en las casas aquel sábado de una tarde de noviembre que permanecerá en el recuerdo de todos.

En efecto, la que iba a ser la futura Reina de España había presentado el día anterior su último informativo, había abandonado TVE por una puerta trasera y se había reunido con el Príncipe, con el que viajó a una ciudad europea. De ser informadora, se convirtió en la mujer más buscada de España por los periodistas. Su primera aparición pública junto

Su primera aparición juntos, tras hacerse público su compromiso, fue en los jardines de la Casa del Príncipe. Más tarde, la pareja acudió al concierto de Rostropovich, gran amigo de doña Sofía, que el violoncelista ofreció en el Teatro Real de Madrid.

a don Felipe fue al lunes siguiente, en una breve comparecencia ante las cámaras. Entre miradas cómplices y cogidos de la mano, se presentaron *«enamorados e ilusionados»*. Más tarde, asistieron al concierto del maestro Rostropovich, invitados por los Reyes, en el Teatro Real de Madrid.

La petición de mano tuvo lugar esa misma semana, el 6 de noviembre, en el Palacio de la Zarzuela, aunque, dado el número de periodistas acreditados para el evento, la sesión fotográfica se realizó en el Palacio de El Pardo. Doña Letizia estaba radiante, y el Príncipe, feliz. Fiel a su estilo, ella se decidió por Armani: un traje pantalón blanco, de corte impecable y escote «chimenea».

Don Felipe y doña Letizia se intercambiaron ese día los primeros regalos: un anillo de oro blanco y diamantes de talla «baguette» para ella y unos gemelos de oro blanco y zafiros para él. Además, don Felipe regaló a su prometida un collar de perlas y zafiros de su familia, mientras que doña Letizia entregó al Príncipe una edición de 1850 de la novela de Mariano José de Larra «El doncel de don Enrique El Doliente».

En la petición de mano estuvieron presentes ambas familias. Los Reyes, las infantas Elena y Cristina, con sus esposos, las infantas Pilar y Margarita (ésta con su esposo), con sus hijos, y la princesa Irene –hermana de doña Sofía–, así como los padres de la novia, Jesús Ortiz y Paloma Rocasolano, sus hermanas, Telma y Erika (ésta con su esposo), y su primo David Rocasolano (con su esposa). Todo el mundo destacó la desenvoltura de doña Letizia ante los periodistas, fruto, sin duda, de su conocimiento de los medios. Se le criticó, no obstante, que interrumpiera al Príncipe con un *«déjame terminar...»*, cuando hubiera sido más correcto decir: *«Permíteme que añada...»*. Ese día, también, se produjo una situación insólita: los Reyes tuvieron que esperar para hacerse la foto con los novios, ya que los recién prometidos estaban absolutamente enfrascados charlando con los periodistas y no se percataron de la entrada de Sus Majestades en la estancia. Don Felipe anunció ese día que tendrían *«más de dos hijos y menos de cinco»*.

EL TRAJE SE AGOTÓ

El traje de Armani que lució doña Letizia el día de la petición de mano se agotó en toda España a los pocos días. Una semana después, sólo quedaba uno igual, en negro, en la tienda que el diseñador italiano tiene en Barcelona. Su precio era de 3.000 euros.

El estilo de Letizia ha sido muy alabado e imitado por muchas mujeres: sencillez, elegancia y un toque clásico actualizado, sin perder la frescura y el encanto de la juventud.

Letizia eligió para la ocasión un traje pantalón, una prenda muy habitual en ella. Hubo comentarios acerca de si hubiera sido más adecuado haber vestido falda, pero Letizia siempre ha tenido un pequeño complejo de piernas delgadas.

No obstante, recordemos que la infanta doña Cristina, el día de su petición de mano en el Palacio de la Zarzuela, también se decantó por esta cómoda prenda, un dos piezas en tono pastel, igualmente de Armani.

*El anuncio del compromiso se precipitó
a causa del cada día mayor número
de personas que eran partícipes del
«secreto». Para evitar que la rumorología
se disparase y la relación se pudiera
ver afectada, se optó por adelantar
los acontecimientos.*

ANILLO DE DIAMANTES

*Don Felipe regaló a su prometida
un anillo de oro blanco y
diamantes de talla «baguette»,
que fue adquirido por su cuñado,
Iñaki Urdangarín, en una
prestigiosa firma de joyería.
Letizia mostró, emocionada,
su alianza. «Un diseño muy
moderno», dijo don Felipe.*

Los novios estuvieron cogidos de la mano durante la práctica totalidad de la sesión fotográfica de El Pardo.

LOS NOVIOS, JUNTO A SUS RESPECTIVAS FAMILIAS

En primera fila y de izquierda a derecha: Carlos Zurita, la infanta Margarita de Borbón, Jesús Ortiz (padre de la novia), la reina Sofía, el Príncipe de Asturias, doña Letizia Ortiz, el rey Juan Carlos, Paloma Rocasolano (madre de la novia), la infanta Pilar de Borbón y la princesa Irene de Grecia. **Segunda fila:** David Rocasolano (primo de Letizia) y su esposa, Patricia, Iñaki Urdangarín, la infanta Cristina de Borbón, Telma Ortiz (hermana de la novia), la infanta Elena de Borbón, Jaime de Marichalar, Erika Ortiz (hermana de Letizia) y su marido, Antonio Vigo. **Tercera fila:** Alfonso y María Zurita, Fernando, Luis y Juan Gómez-Acebo, Bárbara Cano y su esposo Bruno Gómez-Acebo, y José Miguel Fernández Sastrón y su esposa, Simoneta Gómez-Acebo.

UNA BODA DE
ESTADO

*Fachada de la catedral de Nuestra
Señora de la Almudena, vista desde la
Plaza de la Armería, frente al Palacio
Real de Madrid.*

L a boda de don Felipe y doña Letizia será, sin duda alguna, un matrimonio de Estado y, como tal, movilizará muchos más recursos de toda índole que las de sus hermanas las infantas doña Elena y doña Cristina, tanto por la necesidad de mayor riqueza simbólica y representativa, como por la mayor trascendencia que en toda monarquía tiene el enlace del heredero de la corona. El número de los invitados será significativamente mayor, así como el rango de los asistentes entre quienes se encontrarán reyes, príncipes y princesas de numerosas familias reinantes y no reinantes, presidentes de diversas repúblicas, otras muchas representaciones oficiales de otros países, miembros del cuerpo diplomático acreditado en España, el presidente del Gobierno, los presidentes del Congreso y del Senado, los presidentes de las distintas Comunidades Autónomas, y otros representantes

Arriba, la nave central del templo con el altar mayor, donde se casarán Felipe de Borbón y Letizia Ortiz.

A la izquierda, la nave lateral derecha donde se halla el sepulcro de la reina doña María de las Mercedes, en recuerdo de la cual se mandó construir el templo.

Monseñor Antonio Rouco Varela, cardenal arzobispo de Madrid, oficiará la ceremonia religiosa. Al lado, Felipe y Letizia saludan al cardenal en el palacio del Congreso de los Diputados.

Abajo, las bodas de las infantas Cristina y Elena sirvieron de ensayo general para la boda del Príncipe de Asturias.

de diversas instituciones del Estado, además de todo un largo etcétera de parientes y amigos de ambos contrayentes.

Se habla de más de 5.000 agentes que garanticen la seguridad de los invitados al evento, de más de 300.000 flores que correrán a cargo del Ayuntamiento de Madrid, y de una gran cobertura mediática que facilitará que la ceremonia sea accesible a unos 1.200 millones de espectadores de todo el mundo, la cifra más alta desde la boda de los Príncipes de Gales en 1981. Así mismo, los empleados de Patrimonio Nacional se pondrán en marcha para acondicionar adecuadamente los distintos salones del Palacio Real, y para dar lustre a vajillas, cuberterías, cristalería y otros objetos. De hecho, y al efecto, se ha creado ya una comisión gestora a cargo de don Alberto Aza, jefe de la Casa de S.M. el Rey, que trabaja en colaboración con el Ayuntamiento de Madrid y con Patrimonio Nacional.

La ceremonia religiosa tendrá lugar en la catedral de Nuestra Señora de la Almudena, separada del Palacio Real solamente por la magnífica Plaza de la Armería, y estará oficiada por el cardenal arzobispo de Madrid, monseñor Antonio Rouco Varela. Dado que la catedral tiene dos entradas, una por la calle Bailén y otra, la principal, por la misma Plaza de la Armería, los invitados accederán al templo por ambas, en función de su rango y del protocolo elegido. Así, mientras invitados de menor relevancia lo harán por la puerta de la calle Bailén, los de mayor rango, y entre ellos todos los miembros de la realeza europea y de otros continentes, lo harán a través de la Plaza de la Armería, a la que accederán traspasando la gran verja que separa la plaza de la calle Bailén. Una gran alfombra roja recorrerá el espacio entre dicha verja y la entrada al templo, al tiempo que otra alfombra roja de mayores dimensiones se extenderá desde la catedral hasta la puerta del Palacio Real que se abre a la gran Plaza de la Armería.

Los invitados, cuidadosamente vestidos para la ocasión, llegarán desde sus respectivos hoteles en varios autobuses dispuestos al efecto, que los conducirán hasta el templo. Al entrar en la catedral, los encargados del protocolo les mostrarán sus lugares de asiento, donde encontrarán el programa de mano, con el anagrama de los novios y las armas de la Casa Real, sobre sus respectivos asientos. Dado que será una boda de mañana, habrá profusión de mantillas y de pamelas entre las damas, mientras que los caballeros asistirán de chaqué o de uniforme. De los 3.000 invitados de los que se habló en un primer momento, la cifra ha quedado reducida a unos 1.200 por razones de seguridad y, sobre todo, por expreso deseo del Príncipe.

Frente al altar habrá dos reclinatorios previstos para los novios, y a ambos lados tomarán asiento los miembros más directos de las respectivas familias. A la derecha los familiares de don Felipe, con los Reyes y los duques de Lugo y de Palma de Mallorca en la primera fila, detrás de los cuales tomarán asiento la infanta doña Pilar, la infanta doña Margarita, su esposo don Carlos Zurita, duque de Soria, el infante don Car-

La familia real española posa al completo ante la catedral de la Virgen de La Almudena, en 1909, con ocasión del bautizo de la infanta doña Beatriz, primogénita de los reyes Alfonso XIII y Victoria Eugenia.

REYES, PRÍNCIPES Y POLÍTICOS ENTRE LOS INVITADOS

Los invitados a la boda real serán muchos y muy variados en su origen y procedencia. Entre ellos habrá numerosos jefes de Estado extranjeros y no faltarán presidentes de diversas repúblicas hispanoamericanas. El toque de glamour, sin embargo, vendrá dado por la excepcional asistencia de un nutrido grupo de familias reales europeas, encabezado por numerosos monarcas en ejercicio. Es muy probable contar con la asistencia de los reyes Harald de Noruega, Carlos Gustavo de Suecia y Alberto de Bélgica con sus respectivas esposas; de las reinas Margarita de Dinamarca (con su esposo) y Beatriz

de Holanda, de los grandes duques Enrique y María Teresa de Luxemburgo, de los príncipes Hans Adam y María de Liechtenstein, y de los príncipes Rainiero y Alberto de Mónaco. No estará presente la reina Isabel II de Inglaterra, que nunca asiste a bodas por el rito católico y que con toda seguridad enviará como representante suyo a su hijo el príncipe de Gales. Y junto a los anteriores, será probable ver a monarcas de otros continentes como los reyes Abdalá y Rania de Jordania, acompañados de la reina Noor, el sultán de Brunei (amigo personal de los Reyes de España), reyes de países africanos, como Lesotho,

y diversos príncipes de monarquías del Golfo Pérsico, de Japón, de Tailandia, o de Nepal.

Además, y de toda Europa, llegarán personajes como la reina viuda Fabiola de Bélgica, la ex emperatriz Farah Diba, los jefes de las casas reales no reinantes de Grecia, Bulgaria (el rey Simeón II, ahora primer ministro de aquel país), Rumania, Austria, Italia, Yugoslavia, Portugal, Francia, Prusia, Hannover (la princesa Carolina de Mónaco asistirá como consorte del príncipe Ernesto Augusto), Baviera, Sajonia y Wurttemberg, y otros jefes y príncipes de casas ducales y principescas como los margraves de Baden, los langraves de Hesse, los príncipes de Hohenlohe-Langenburg, y un largo etcétera.

Ya debe estar confeccionado un amplio dossier con la lista de invitados, a quienes se tendrá que notificar el acontecimiento con el debido adelanto. Incógnitas entre los invitados son personajes como Alessandro Lequio, doña Emanuela de Dampierre o don Leandro de Borbón y Ruiz, recién reconocido legalmente

Plano general de los principales invitados reales, en la nave central de la catedral de Barcelona, con ocasión de la boda de la infanta doña Cristina.

FESTEJOS PREVIOS

Como es tradicional en todas las grandes bodas reales y como se hizo en Barcelona con motivo de la boda de doña Cristina e Iñaki Urdangarín, con el espectáculo piromusical (en la fotografía) en Montjuic, en vísperas del enlace, el Ayuntamiento de Madrid organizará también alguna actividad de carácter público para agasajar a los novios, que presidirán el acto junto con sus familiares y miembros de otras casas reales.

Los invitados, llegados de todo el mundo, irán aterrizando en Madrid en los días previos a la ceremonia. Todos serán recibidos en función de su rango y diversos miembros de la Familia Real española recibirán a unos y a otros en el aeropuerto de Barajas. Posiblemente, un par de días antes de la boda tenga lugar una fiesta de despedida de solteros organizada por los novios para parientes y amigos de su edad. Normalmente, en estos casos se trata de una cena ligera, de carácter informal, seguida de baile hasta la madrugada. Posteriormente, y en la víspera del enlace real, se celebrará una cena y baile de gala, en el Palacio Real, a la que asistirán los miembros de la realeza europea, parientes y algunos altos representantes y dignatarios de distintos países.

los y su esposa la princesa Ana de Orleans. Frente a ellos, y a la izquierda del altar, los padres, hermanos y abuelos de doña Letizia.

En la nave central del templo se ubicarán, en las primeras filas, los reyes y jefes de Estado extranjeros, seguidos de los príncipes herederos de las distintas monarquías en ejercicio, de los jefes de casas reales en otro tiempo reinantes, y del resto de príncipes y princesas invitados a la ceremonia. En las naves laterales se colocarán los miembros del Gobierno y de las distintas instituciones del Estado, y el resto de los invitados, siguiendo siempre el protocolo establecido por la Casa Real.

Una vez ubicados todos los invitados, el novio entrará en la catedral del brazo de su madre y madrina, la reina doña Sofía, que con toda probabilidad lucirá la clásica mantilla española acompañada de algunas joyas de familia (doña Sofía gusta mucho de las perlas en estas ocasiones). Los invitados se levantarán a su paso como muestra de deferencia. La Reina y el Príncipe, que probablemente llevará uniforme militar de uno de los tres ejércitos, con la insignia de la Orden del Toisón de Oro, la Gran Cruz de la Orden de Carlos III y, opcionalmente, la banda de la Gran Cruz del Mérito Naval, y las Grandes Cruces del Mérito Militar, Naval y Aeronáutico, se colocarán frente al altar, a la espera de la llegada de la novia.

Poco después llegará doña Letizia del brazo de su padre, don Jesús Ortiz, o bien del brazo del rey don Juan Carlos, que entrarán a los acordes de la marcha nupcial. A su paso, los invitados también se pondrán en pie y novia y padrino se acercarán al altar. Tras ello, padrino y madrina ocuparán sus lugares protocolarios, al tiempo que los novios quedarán frente al altar para el comienzo de la ceremonia.

La reina doña Sofía, que es una gran melómana, suele elegir junto con los novios las piezas de música que un coro cantará durante la ceremonia. Sus piezas favoritas son la «Misa de la Coronación» de Mozart (una pieza breve muy adecuada para este tipo de actos) y dos bellos coros del «Mesías» de Haendel: el «Alelluya», y el «Amén».

Transcurrida la ceremonia los recién casados saldrán de la catedral por la nave central (a su paso los invitados se pondrán en pie), seguidos de los Reyes de España, las Infantas y el Infante don Carlos con sus respectivos consortes, y los familiares de la Princesa de Asturias, tras los cuales saldrá el resto de los invitados. Una vez fuera del templo, los Príncipes de Asturias montarán ya sea en coche, o en carroza si así lo decide el protocolo de la Casa Real, para hacer un recorrido por las calles de Madrid, engalanadas con miles de flores. Desde el Palacio Real, posiblemente, se dirigirán por la Calle Mayor, y a través de la Puerta del Sol, hacia la Carrera de San Jerónimo para, pasando ante el edificio del Congreso, volver hacia palacio por el Paseo del Prado y la Gran Vía. Si los problemas de seguridad encuentran ese trayecto excesivamente largo y dificultoso, puede optarse por un recorrido más corto, probablemente por la calle Bailén, pasando por el histórico templo madrileño de San Francisco el Grande. Es posible que algún punto de ese trayecto sea elegido como lugar simbólico para que la Princesa de Asturias deposite allí su ramo de flores.

Entre tanto, los invitados se dirigirán por la alfombra roja, y a través de la Plaza de la Armería, hacia el Palacio Real donde aguardarán a los novios para el banquete de bodas. Dentro de palacio, donde todo estará adecuadamente dispuesto, los invitados tomarán asiento en grandes mesas redondas. Los comensales se situarán de acuerdo al lugar asignado por el protocolo, alternándose señores y señoras siempre que ello sea posible. Los novios, la Familia Real, los padres y abuelos de la novia, y los invitados de mayor rango asistirán al banquete en el gran comedor de gala del palacio, al tiempo que otros salones como el de columnas tendrán que habilitarse para el resto de los comensales. El banquete nupcial, encargado a uno o varios prestigiosos restauradores españoles, se alargará bastantes horas.

Es probable que el Ayuntamiento de Madrid tenga previsto algún acto para esa misma noche, tras la cual los recién casados saldrán de viaje de novios, cuya primera escala será una breve visita de los Príncipes de Asturias a Su Santidad el Papa Juan Pablo II en el Vaticano, seguida, pocos días después, el 27 de mayo, de una estancia en Amman, capital de Jordania, para asistir a la boda del príncipe heredero Hamzah, hijo del difunto rey Hussein y de la reina Noor. Posteriormente, continuarán su viaje nupcial hacia un destino desconocido.

En la página anterior, vista del Palacio Real de Madrid, desde los impresionantes jardines del Campo del Moro.

Abajo, a la izquierda, el comedor de gala del Palacio Real, modificado para el enlace de don Alfonso XIII, en mayo de 1906.

Bajo estas líneas, el salón llamado de Gasparini, con un magnífico retrato de Carlos III, del pintor Mengs.

Los Domingos de ABC

SEMANAL, 10 DE MAYO DE 1987

BODAS DE PLAT.
DE LOS REYE

El semanario dominical de «ABC»
dedicó esta portada conmemorativa
al 25 aniversario de la boda de don
Juan Carlos y doña Sofía.

TRES BODAS
HISTÓRICAS

Tres grandes bodas de príncipes herederos han precedido a la de Felipe y Letizia: la de los Condes de Barcelona, abuelos paternos del novio, en Roma, en 1935; la de los padres de doña Sofía, Pablo y Federica de Grecia, en Atenas, en 1938; y la de sus padres, don Juan Carlos y doña Sofía, celebrada en Atenas, en 1962.

– Don Juan y doña María –

– Pablo y Federica de Grecia –

– Don Juan Carlos y doña Sofía –

El entonces príncipe heredero de Grecia, Pablo, en su boda con la princesa Federica de Hannover, posa ante el palacio real de Atenas.

Don Juan de Borbón, en aquella fecha Príncipe de Asturias, con su esposa, doña María de las Mercedes de Borbón y Orleans, saliendo del Vaticano, el día de su boda.

Tanto la boda de los Reyes de España, como las de los abuelos paternos y maternos de don Felipe fueron acontecimientos históricos que revistieron gran importancia para España y para Grecia, por sus repercusiones dinásticas en ambos países.

Don Juan de Borbón y Battenberg y doña María de las Mercedes de Borbón y Orleans se casaron en el exilio, en Roma, el día 12 de octubre de 1935, festividad de la Virgen del Pilar, en la iglesia de Santa María de los Ángeles. Don Juan, tercer hijo del rey Alfonso XIII, era ya príncipe de Asturias y para la ceremonia lució la insignia de la Orden del Toisón de

Oro. La novia, por su parte, llevó un traje sencillo del modisto Worth, rematado por un velo también sencillo sostenido por una diadema de diamantes de su familia. Le mandaron flores de azahar desde Sevilla para componer el ramo, pero, como éstas no pudieron llegar, al final tuvo que prepararse uno con gladiolos blancos. En aquellos tiempos de exilio y de dificultades, la reina Victoria Eugenia de España fue la gran ausente en la ceremonia. Tras visitar al Papa Pío XI en el Vaticano, los novios emprendieron un viaje de seis meses por todo el mundo.

Tres años después, el 9 de enero de 1938, se casaban en Atenas el príncipe heredero Pablo de Grecia y la joven y vivaz princesa Federica de Hannover. Se

Don Juan Carlos le coloca el anillo a doña Sofía, durante la ceremonia religiosa de su boda, celebrada en Atenas, el 14 de mayo de 1962.

eligió el día 9 por ser el número de la suerte del príncipe Pablo, y para la ocasión llegaron a Grecia príncipes de toda Europa para una ceremonia que se celebró en un día de lluvia. El novio vestía uniforme de almirante de la Marina griega y gran número de órdenes y condecoraciones dinásticas. La novia, la princesa Federica, vestía un sencillo traje de seda con una inmensa cola bordada, acompañada de un velo de gran tamaño sujeto por la bella tiara de diamantes de las reinas de Grecia, acompañada de la coronita de diamantes de la Casa Real de Hannover. Toda Europa temía la llegada de la gran guerra, pero a pesar de las dificultades que Hitler puso para la celebración del evento, fueron muchos los príncipes y princesas llegados de toda Europa para asistir a la bella ceremonia ortodoxa.

La boda de los Reyes de España, que tuvo lugar en Atenas el 14 de mayo de 1962, fue posiblemente la gran boda de los años sesenta. Toda la Europa principesca se volcó en aquel acontecimiento, pues los mejores hoteles de la ciudad se llenaron de príncipes y princesas llenos de condecoraciones y magníficas joyas. Las festividades dura-

ron varios días, durante el día en las playas de Glyfada y de noche en los salones del palacio real. Hubo dos ceremonias de boda, una por el rito ortodoxo y otra por el rito católico, esta última a los sones de la Misa de la Coronación de Mozart. Don Juan Carlos llevó uniforme militar con el Toisón de Oro, la placa histórica de los príncipes de Asturias, y varias otras órdenes y condecoraciones. Doña Sofía, que llegó en una carroza tirada por ocho caballos blancos, lució un traje de encaje acompañado del velo que llevó su propia madre el día de su boda. La cola del vestido era de cinco metros y la portaban ocho princesas reales. Sujetando el velo, la tiara de brillantes regalo de su madre, que su abuela la duquesa Victoria Luisa de Brunswick había lucido en su boda en 1913. A decir de quienes estuvieron presentes, todo salió a la perfección y con una puntualidad alemana, y la presencia de gran número de españoles dio a la ceremonia un carácter especialmente cálido y popular. Una vez casados, don Juan Carlos y doña Sofía emprendieron un viaje de novios de cuatro meses que comenzó en la pequeña isla privada griega de Spetsopoula.

SU FUTURO
HOGAR

— Una residencia de Príncipes —

SU FUTURO HOGAR

Fachada principal de la casa del Príncipe. Frente al porche de entrada, un pequeño estanque, rodeado de flores blancas y césped.

Tras su matrimonio, los Príncipes de Asturias se instalarán en la mansión que hace tan sólo unos años se mandó construir para don Felipe en el recinto del palacio de La Zarzuela. Se trata de una casa de nueva planta a sólo un kilómetro de la residencia de los Reyes, cuya entrada está presidida por un estanque rodeado de flores. El edificio, de líneas rectas, es obra de Manuel del Río, arquitecto de Patrimonio Nacional, quien se inspiró en la arquitectura rural castellana para integrar el edificio en el entorno silvestre que rodea todo el conjunto del palacio, en los montes de El Pardo. La diseñadora de los jardines ha sido María Mérida, que trabaja para Patrimonio Nacional. El costo total de la construcción ha sido de 4.237.000 euros (algo más de lo presupuestado) y se ha intentado que el edificio pueda beneficiarse de los servicios de seguridad y de comunicaciones

*Sobre la chimenea de uno
de los salones de la
residencia, un retrato
de la reina Sofía, obra
de Alcaraz.*

*La misma estancia desde otro ángulo, donde se puede apreciar el gran ventanal que da acceso
al jardín. La vivienda está ubicada en el conjunto residencial de La Zarzuela, a poco menos
de un kilómetro del palacete donde viven los Reyes.*

LA CASA DE MALLORCA

*Los Príncipes de Asturias
contarán en verano con su propia
casa en Mallorca, problablemente,
el palacete llamado Son Vent
(en la foto), muy cercano al
palacio de Marivent que ocupan
los reyes de España. Se trata
de una vivienda sencilla de estilo
mallorquín, con paredes pintadas
en tonos ocres, a la que se accede
a través de un amplio porche
que rodea dos de sus fachadas.
La casa cuenta con una planta
baja de entrada de la que surge
una doble escalera de forja que
conduce a una amplia terraza
en el primer piso. Por encima
del segundo piso se yergue una
pequeña buhardilla que corona
el conjunto, todo él de 300 metros
habitables y dotado de un gran
jardín y de piscina.*

*El despacho oficial del Príncipe,
decorado con un estilo muy sobrio
y funcional.*

de La Zarzuela, así como los amplios jardines y otras instalaciones anexas, como los establos.

La residencia, que el príncipe estrenó oficialmente el 26 de junio de 2002, cuenta con unos 1.800 metros cuadrados útiles, distribuidos en cuatro niveles: un semisótano, dos plantas y un amplio espacio abuhardillado que corona el edificio. La decoración interior ha corrido a cargo de Francisco Muñoz y Patricia Sanchís, que han trabajado en estrecho contacto con don Felipe (que ha opinado sobre colores y telas); es sobria y en ella ha pesado la necesidad de habilitar estancias para uso oficial y protocolario.

ESTANCIAS OFICIALES

La planta baja es la parte oficial, ocupa 568 metros cuadrados, y a ella se accede a través de un porche que da paso a un vestíbulo decorado con tapices de la vasta colección de Patrimonio Nacional. Allí se encuentran el despacho de don Felipe, el de su ayudante, un salón y un comedor oficiales, una salita de espera, y una biblioteca, estancias todas ellas conectadas también a través de un pequeño jardín interior. En el salón principal, de tonos vainilla, destaca un magnífico retrato del rey Alfonso XIII joven, pintado por Sorolla, y la biblioteca muestra sobre la chimenea un retrato de doña Sofía, obra de Alcaraz. En el despacho del Príncipe, pintado en tonos color vino y madera, hay varias obras de arte de firmas reconocidas, y ésa y otras estancias se han amueblado con objetos procedentes de Patrimonio Nacional. El comedor incluye todo un conjunto de muebles que en otro tiempo pertenecieron a «Villa Giralda», la casa de los Condes de Barcelona, primero en Estoril y, posteriormente, en Madrid. En el exterior, y frente al porche, hay también un comedor de verano muy utilizado, amueblado con cómodos sofás.

UN SOROLLA EN EL SALÓN

*Un magnífico retrato de juventud del rey don Alfonso XIII, vestido de húsar,
que resalta la luminosidad y el colorido propios de la paleta del pintor
mediterráneo Joaquín Sorolla. El retrato preside el salón principal de
la residencia del Príncipe, decorado en tonos vainilla, que se encuentra
en la planta baja, y que es la que alberga las estancias oficiales en un espacio
de 568 metros cuadrados, al que se accede desde el porche de entrada.
El simbólico recuerdo de su bisabuelo, último rey de España hasta
la restauración de 1975, vincula a don Felipe con un pasado histórico
de muchos siglos de continuidad dinástica.*

ESPACIOS DE USO PRIVADO

La parte más privada de este palacete se encuentra en la planta superior y cuenta con 423 metros cuadrados, divididos entre un gran espacio, que hace las veces de salón, un comedor, una pequeña cocina, un
dormitorio principal con dos baños y dos vestidores, otros dormitorios
posiblemente pensados para los niños, con sus propios cuartos de baño,
y un pequeño despacho privado. En cuanto al semisótano, de unos 780
metros cuadrados, alberga los servicios de cocina y lavandería, así como
los cuatro dormitorios del servicio, con sus cuartos de baño y su comedor
anexos. En ese mismo nivel se encuentran también una bonita piscina
y un garaje cubierto con cabida para ocho coches.

La casa, sin embargo, no está todavía completamente amueblada a la
espera de poder atender también los gustos de doña Letizia Ortiz, que
además incorporará todos sus enseres y recuerdos personales. También
tendrá que encontrarse ubicación a los numerosos y costosos regalos de
boda que la pareja recibirá en los próximos meses, entre los cuales no
faltarán vajillas, cuberterías, juegos de cristal, porcelanas de las mejores
denominaciones, estatuas, cuadros, y todo un sinfín de objetos valiosos.

EL TOQUE FEMENINO DE LETIZIA

La sobriedad de la edificación y de la decoración de la casa fue muy cri-
ticada en su día, ya que se consideraba poco apropiada para un joven
soltero de nuestros días. El propio Príncipe admitió que la vivienda iría
haciéndose habitable poco a poco y que, con el tiempo, algunas cosas
deberían cambiarse. La llegada de Letizia, una mujer de su tiempo, a su
futuro hogar se notará, especialmente, en la decoración. A buen seguro,
ya habrá elegido muebles, tejidos (cortinas, tapicerías, alfombras, ropa
de hogar) y objetos de su gusto, mucho más acordes a lo que cabe esperar de un matrimonio joven y moderno que inicia, tras su boda, una
nueva vida en común.

La casa dispone de 1.800 metros
cuadrados útiles, distribuidos en cuatro
plantas, además de jardín y piscina

Una majestuosa fotografía de la Reina doña Victoria Eugenia, retratada por el fotógrafo de corte Kaulak.

APUNTES DE
HISTORIA

D os Letizias estuvieron ligadas a la historia de nuestra monarquía, aunque ninguna de ellas llegó a reinar en nuestro país, ya que su vinculación vino por dos monarcas que fueron ajenos a las dinastías españolas. Letizia Ortiz será princesa de Asturias y su boda no será tan problemática como la de María de las Mercedes de Borbón, enamorada perdidamente de Carlos de Borbón, príncipe de las Dos Sicilias. Su caso es excepcional en la historia de la Casa Real española, por tratarse de la primera persona de sangre no real que contrae matrimonio con el heredero de la Corona. En este capítulo, también nos acercaremos a la magnífica, y también desconocida, colección de joyas de doña Sofía, algunas heredadas de su familia, otras procedentes de los Borbón, y otras adquiridas por ella misma con posterioridad.

Arriba, fotografía tomada con ocasión del 50 aniversario de don Juan de Borbón, Conde de Barcelona. Don Juan, en el centro de la fotografía, está acompañado de su esposa, sus hijos, Juan Carlos (segundo por la izquierda), Pilar y Margarita, sus hermanas Cristina y Beatriz, sus cuñados Alejandro de Torlonia, Enrico Marone, y sus sobrinos.

A la izquierda, la Reina Victoria Eugenia con sus nietos. La foto está personalizada de su puño y letra. Don Juan Carlos es el segundo a la izquierda.

103

No existe precedente del nombre de Letizia en las dos dinastías históricas que, tradicionalmente, han reinado en España: la Casa de Austria y la Casa de Borbón.

LAS OTRAS LETIZIAS

Aunque históricamente no ha habido ninguna reina o princesa de nombre Letizia en la casa real de España, sí que ese nombre está curiosamente vinculado a la historia de la realeza en nuestro país, a través de los dos únicos reyes que vinieron a reinar a España durante periodos de exilio de los Borbones. Ambas Letizias pertenecieron a la familia Bonaparte, y cada una de ellas estuvo directamente vinculada con uno de esos dos reyes mencionados, los dos de reinados cortos aunque de caracteres muy distintos: el primero fue José I Bonaparte, el «Pepe Botella» de los españoles; el segundo fue Amadeo I de Saboya, el rey elegido por votación parlamentaria.

LETIZIA BONAPARTE

Letizia Ramolino (1750-1836) fue la madre, no solamente del gran Napoleón, sino también de sus muchos hermanos y hermanas, de los cuales José fue el mayor. Nacida en Córcega y perteneciente a una familia de la pequeña nobleza local, fue una mujer de carácter fuerte y enérgica voluntad que, a pesar de quedar viuda de Carlo Buonaparte a los treinta y cinco años, supo sacar adelante a su vasta progenie entre privaciones y fatigas. A pesar de su tacañería, sus hijos siempre la veneraron y le debieron muchos de sus logros en la vida. El mismo Napoleón le tenía especial devoción, habiendo tomado de ella un alto sentido de la unión familiar que la anciana dama siempre puso por delante de cualquier otra cosa. Tanto es así que durante el Imperio él la elevó al rango de alteza imperial dándole el tratamiento honorífico de «Madame la Madre del Emperador», aunque ella hubiera deseado el rango más alto de «Emperatriz Madre». La instaló en una magnífica casa en París y le cedió el castillo de Pont como residencia en el campo, así como una importante renta con la que vivir regiamente.

Aunque nunca visitó España durante el breve reinado de su hijo José, a quien Napoleón cedió el trono español en 1808, Letizia Ramolino siempre tuvo una especial preferencia por este hijo al que los españoles nunca aceptaron. De hecho, la esposa del rey, Julia Clary, y sus hijas, Zenaida y Carlota, jamás pisaron territorio español. La anciana Letizia Ramolino falleció casi ciega y paralizada, a los ochenta y seis años, en el sombrío palacete de Roma al que se retiró tras la caída del Imperio Francés.

Hubo dos Letizias, ambas de la familia Bonaparte, vinculadas a dos monarcas llegados de fuera de España. Una fue esposa de rey, y la otra madre de rey

LETIZIA, DUQUESA DE AOSTA

Letizia Bonaparte, duquesa de Aosta (1866-1926), fue bisnieta de la anterior como nieta del rey Jerónimo de Westfalia, hermano menor de Napoleón. Su padre fue el príncipe Jerónimo Bonaparte, a quien todos llamaban coloquialmente «Plon-Plon», y su madre fue la muy religiosa y prudente princesa Clotilde de Saboya. Nació en París durante el Segundo Imperio Francés con el rango de princesa y el tratamiento de alteza imperial. Con sólo dieciocho años se enamoró de su primo, el príncipe Manuel Filiberto de Saboya, que en otro tiempo había sido príncipe de Asturias durante el reinado de su padre, Amadeo I, en España. Sin embargo, el padre se interpuso en el amor del hijo y acabó casándose con Letizia, que era su propia sobrina carnal y a la que sacaba veintiún años de edad. Amadeo de Saboya era viudo de su primera mujer, con la que había reinado en España, y se sintió tentado por la juventud y la lozanía de Letizia, que no carecía de atractivos físicos. Se casaron en Turín en 1888 y ella supo hacerle feliz durante el año y medio que duró su matrimonio, terminado con el fallecimiento de don Amadeo.

Desde entonces la todavía joven Letizia, que gustaba mucho de los placeres de la buena mesa y era una mujer exuberante, poco interesada por la etiqueta y extravertida al límite del escándalo, se dedicó a la vida aristocrática. Años más tarde, a punto de cumplir los cincuenta, comenzó una escandalosa relación con un militar veinte años más joven que ella, con quien se paseaba públicamente en su automóvil de color escarlata. La rebelde Letizia, que siempre mantuvo una gran amistad con esa otra rebelde que fue la infanta doña Eulalia de Borbón, continuó con aquella relación amorosa hasta su propia muerte ocurrida en 1926. Ironías del destino, su único hijo había fallecido años antes víctima de la entonces llamada «gripe española».

Letizia Ramolino (a la izquierda), la inteligente y poderosa madre del rey José I Bonaparte de España, «el rey intruso».

La apasionada princesa Letizia Bonaparte -a la derecha-, segunda esposa del rey de España don Amadeo I de Saboya.

La desventurada princesa María Antonia de Nápoles, primera esposa del rey don Fernando VII. Fue Princesa de Asturias, pero nunca llegó a ser reina pues murió joven, muchos años antes de que su esposo heredara la corona.

ÚLTIMA BODA DE UN PRÍNCIPE DE ASTURIAS

Para encontrar la última boda de un príncipe de Asturias en nuestro país, debemos ir muy atrás en el tiempo. El rey don Juan Carlos se casó en Atenas en 1962 siendo príncipe de Asturias, del mismo modo que su padre, don Juan de Borbón, lo hizo en Roma en 1935. El padre de don Juan, el rey Alfonso XIII, y el padre de éste, don Alfonso XII, se casaron ambos siendo ya reyes de España. Lo mismo le sucedió a doña Isabel II, madre de Alfonso XII, quien se casó siendo ya reina.

Por tanto, el caso más reciente de matrimonio de un príncipe de Asturias en nuestro país es el que protagonizó don Fernando de Borbón y Borbón, años más tarde Fernando VII (el monarca más deseado y, a la vez, más denostado), el 6 de octubre de 1802. La ceremonia tuvo lugar en la ciudad de Barcelona, que organizó grandes festejos para la ocasión, a donde se trasladó toda la Familia Real en pleno para recibir a la nueva Princesa de Asturias que llegaba en barco desde su Italia natal. Se trataba de la princesa María Antonia de Nápoles y Sicilia, prima hermana del Príncipe, e hija del rey Fernando I de aquellos reinos. Los novios ya se habían casado por poderes en Nápoles el 16 de agosto de aquel año, pero la boda se formalizó a la llegada de la novia a España. «Totó», como llamaban a la nueva Princesa de Asturias en familia, era sobrina de la infausta reina María Antonieta de Francia y, desgraciadamente, no era un portento de hermosura a pesar de tener un busto atractivo. Sin embargo era inteligente y justamente por eso chocó frontalmente con su suegra la intrigante reina María Luisa, que a poco se convirtió en su mayor enemiga. La Reina y el favorito Manuel Godoy la espiaron sin límite e hicieron todo cuanto les fue posible para hacer que su vida en palacio fuese difícil. La taimada María Luisa llegó a llamarla «*víbora venenosa; animalucho sin sangre, lleno de hiel*». Pero, a pesar de todo, Fernando y María Antonia conformaron un matrimonio muy unido que solamente se quebró cuatro años después con la pronta muerte de la desgraciada Princesa. A pesar de los rumores que corrieron, según los cuales habría sido envenenada por la propia Reina con una taza de chocolate o colocando un escorpión en su cama, la pobre «Totó» falleció víctima de la tuberculosis el 21 de mayo de 1806 en el palacio de Aranjuez. Fue enterrada en el panteón de infantes del monasterio de El Escorial y, andando el tiempo, su viudo volvería a casarse tres veces más.

El último príncipe de Asturias que contrajo matrimonio en Madrid fue el futuro Carlos IV, en 1766, durante el reinado de su padre, Carlos III

LOS DIFÍCILES AMORES DE UNA PRINCESA DE ASTURIAS

Cuando en 1900 se anunció el compromiso de la princesa de Asturias, María de las Mercedes de Borbón, con su primo el príncipe Carlos de las Dos Sicilias, la oposición no se hizo esperar. Aunque su futuro esposo contaba con el apoyo de los sectores más religiosos de la sociedad española, los liberales no podían aceptar al hijo de un antiguo general carlista, pues temían que el nuevo príncipe fuese excesivamente conservador y no respetase la Constitución si su esposa llegaba a heredar la corona. Ella, sin embargo, se había enamorado y estaba dispuesta a hacer frente a los posibles obstáculos.

La disputa llegó incluso a las Cortes, pero la reina regente María Cristina se mantuvo firme al lado de su hija y consiguió que las difíciles negociaciones llegasen a buen fin. La boda se fijó para el 14 de febrero de 1901 en la capilla del Palacio Real y el Gobierno decidió decretar que el ejército saliese a la calle en previsión de alborotos y disturbios. Llegado el día se decretó el estado de sitio en Madrid y la boda quedó bastante deslucida por el temor de los asistentes a la ceremonia. El hermano de la novia, el rey niño Alfonso XIII, escribía en su diario: «*Llevamos ocho días de manifestaciones y mañana se declarará el estado de sitio*».

No sucedió nada grave, más allá de algunos gritos contra el novio y su padre. Días después, la infanta Paz, tía de la novia, escribía: «*Las festividades de la boda han pasado felizmente. Ahora depende de la joven pareja ganarse la simpatía de los españoles. Es necesario que el público aprenda lo que yo ya sé, es decir, que la novia y el novio son ambos encantadores. Uno debe de ganarse al pueblo, pues el mero hecho del nacimiento real no es ya suficiente en este siglo XX. Deben conseguir personalmente un lugar para sí mismos mediante su buena voluntad y el respeto de los españoles, que es lo que espero profundamente*».

La familia y los invitados reales posan en una de las galerías del Palacio Real de Madrid el día de la boda de la princesa de Asturias, doña María de las Mercedes de Borbón y Austria, con su primo el príncipe don Carlos de las Dos Sicilias. Aquel día el Gobierno decretó el estado de sitio y el ejército salió a las calles de Madrid.

La entonces princesa heredera Federica de Grecia, madre de la reina doña Sofía, luciendo la diadema de brillantes estilo imperio que recibió de su propia madre el día de su compromiso matrimonial.

La reina doña Sofía, entonces princesa de Grecia y de Dinamarca, llevando la misma diadema de brillantes, que a su vez recibió de su madre la reina Federica de Grecia tras su petición de mano. En la fotografía se aprecia también un colgante de hilo de perlas con rubí o zafiro, que perteneció a la reina Federica y que pudiera ser el que doña Sofía regaló a doña Letizia Ortiz el día de su compromiso oficial.

LAS PRECIADAS JOYAS DE SOFÍA

Desde la antigüedad clásica las joyas han sido siempre un signo de realeza, y es por eso que durante siglos las grandes piezas de joyería estuvieron vinculadas a las monarquías. Ése también fue el caso de la monarquía española, que ya en tiempos de los Austrias acumuló grandes tesoros y algunas piedras de importante valor, como la famosa perla «Peregrina» o el diamante «El estanque», que algunos de los reyes y reinas españoles llevan en los cuadros pintados por Velázquez y otros pintores de corte. Sin embargo, en el caso español los grandes tesoros de la monarquía desaparecieron como tales con la invasión francesa de 1808. Cuando el general Murat arrasó con cuanto había en el palacio de Oriente, las «joyas de la corona» dejaron de existir.

LA COLECCIÓN DE LA REINA VICTORIA EUGENIA

A pesar de ello, en los sucesivos reinados posteriores, los distintos monarcas fueron adquiriendo, ya a título particular, joyas importantes que devolvieran a la dinastía el esplendor perdido. Isabel II fue una gran coleccionista y, posteriormente, la reina María Cristina incrementó el joyero real de forma importante, tanto con aquellas piezas que aportó como dote, como con las que recibió por su boda y las que le regaló don Alfonso XII. Pero sería la reina doña Victoria Eugenia, la consorte de Alfonso XIII, la que acumularía uno de los mejores conjuntos de joyería de la Europa del momento. Sus innumerables y valiosas piezas, muchas de ellas regalos de su esposo, sólo tenían parangón con las excelentes colecciones de la gran duquesa María de Rusia, de la duquesa de Coburgo, o de la reina María de Rumania. La Reina recibió importantísimos regalos con motivo de su matrimonio en 1906, y posteriormente sería una cliente asidua de importantes joyeros españoles como Ansorena o Aldao, y extranjeros como el reputado Cartier. Cuando en 1931 cayó la monarquía de don Alfonso XIII, la Reina se llevaría al exilio el total de sus joyas, quedando en el Palacio Real solamente piezas de carácter religioso y ceremonial que hoy en día todavía pueden verse en las vitrinas de las salas abiertas al público. Las joyas de la Reina permitirían a la Familia Real sobrellevar las penurias del exilio, pero aun así todavía son muchas las diademas, tiaras, collares, broches y pendientes que forman parte del patrimonio familiar. Se trata en todos los casos de joyas que no son propiedad del Estado, sino privativas de la familia, aunque algunas de ellas, por su valor histórico y por la importancia de las piezas, se conocen en el seno de la propia familia como «joyas de pasar», es decir, joyas que no se distribuyen por herencia, sino que, generación tras generación, han de ser de uso de la reina en ejercicio, la cual tiene la potestad de prestarlas a la princesa de Asturias y a las infantas.

A día de hoy, y a pesar de las ventas del pasado, la colección de joyas de la reina doña Sofía, aunque muy desconocida por el gran público, es comparable a las de los reyes de Bélgica o Noruega, pero no tan excepcional como las de las reinas de Inglaterra y Holanda. En ella sobresalen, por su valor y su abundancia, los diamantes y las perlas de distintos tamaños y engarzados en tiaras, diademas y piezas menores de variados diseños. Luego vienen, en menor cuantía, las esmeraldas, los rubíes y las turquesas, piedras engastadas por lo general en piezas

DOS REINAS DE GALA

*La reina doña Sofía asiste a una ceremonia de gala,
en la que luce la diadema del joyero francés Mellerio,
manufacturada en 1868, diseñada en forma de concha,
guarnecida de brillantes, de la que cuelgan perlas de gran
valor. Lleva también un importante broche de perla con
brillantes, del que cuelga una gran perla en forma de pera,
y pendientes con gruesos brillantes, orlados de las mismas
piedras. Asimismo, se percibe un collar de brillantes, que
se aprecia sobre el vestido de pedrería que llevó para la
ocasión. Obsérvese que en el conjunto no incorpora piedras
preciosas de color.*

*La impresionante reina doña Isabel II, retratada por el
pintor Casado del Alisal en las escaleras del Palacio Real
de Madrid. Doña Isabel fue poseedora de una magnífica
colección de joyas en la que destacaban unas gruesas
esmeraldas. La mayoría de tan valiosas piezas tuvieron
que ser vendidas por la propia Reina, ya en el exilio, para
mantener su pequeña corte del Palacio de Castilla, en
París. La generosidad de la soberana siempre fue proverbial
y se cuenta que en más de una ocasión se sacó algunas
joyas que llevaba para entregarlas a pobres y mendigos que
se le acercaban.*

UNA PERLA DE LEYENDA

La historia de la perla «Peregrina» se pierde en la leyenda. Durante siglos apareció en los retratos de las reinas de España, que la lucieron en distintos tocados y atavíos (a la izquierda, Ana de Austria, con la perla en el sombrero). Su rastro se pierde con la invasión francesa, en 1808. Muchos años después, dos grandes perlas de características similares pretendieron ser la joya histórica. Una fue adquirida por Alfonso XIII para su esposa. La otra acabó, andando el tiempo, en manos de la bella actriz Elizabeth Taylor (arriba), que la recibió como regalo de su entonces esposo, Richard Burton. Su tamaño y su oriente casi perfecto hicieron de esta perla una pieza de valor singular.

La joya que el general Franco regaló a doña Sofía para su boda con don Juan Carlos puede lucirse como collar (arriba), o como diadema (al lado).

La Condesa de Barcelona, del brazo
del rey Pablo de Grecia, luce tiara de
perlas y diamantes con ocasión de la
boda de su hijo don Juan Carlos con
la princesa Sofía de Grecia, en mayo
de 1962. Se trata de la misma
diadema que llevaron posteriormente
su hija, la infanta doña Pilar, y su
nieta, doña Simoneta Gómez-Acebo,
en sus respectivas bodas. Detrás se
entrevé al Conde de Barcelona dando
el brazo a la reina Federica de Grecia,
que lleva tiara de rubíes y diamantes
en forma de hojas perteneciente
a la familia real griega.

Las reinas
Isabel II,
María
Cristina
y Victoria
Eugenia
fueron
grandes
amantes de
hermosas
joyas

de menor tamaño. Los zafiros están menos representados, y las grandes
aguamarinas de la reina Victoria Eugenia fueron vendidas hace ya tiempo por otros miembros de la familia. En su mayoría, y sobre todo las
grandes piezas, proceden de la herencia de la familia real española, ya
que las reinas Isabel II, María Cristina y Victoria Eugenia fueron grandes amantes de las joyas. Algunas provienen también de la familia real
griega. El resto son regalos de monarcas y magnates extranjeros, y ad-
quisiciones posteriores a 1975 de piezas más pequeñas y más cómodas
para el uso cotidiano. Doña Sofía, siendo una soberana de carácter sobrio, no es amiga de lucir grandes joyas salvo con ocasión de las visitas de Estado y de las cenas de gala en el Palacio Real. Prefiere las piezas sencillas y en toda ocasión intenta mantenerse acorde con aquellos
visitantes con quienes coincida. Es por eso que hemos podido verla luciendo las mejores piezas de su colección con ocasión de la visita de la
reina Isabel de Inglaterra, o llevando collares, brazaletes y pendientes
menos llamativos en las cenas con presidentes de repúblicas sudameri-
canas, cuyas esposas no tienen joyas importantes con las que asistir a
las cenas de Estado. Otro hecho importante a tener en cuenta, y que
dice mucho del extremado detalle con el que la Reina lleva estos temas,

La reina regente doña María Cristina, retratada por Benedito en el salón del trono del Palacio Real de Madrid. Doña María Cristina fue una mujer austera y sobria que, sin embargo, poseyó una valiosa colección de joyas, en la que destacaban importantes collares de varios hilos de gruesas perlas, y numerosas tiaras de brillantes y otros aderezos de piedras preciosas.

El magnífico collar de aguamarinas de la reina Victoria Eugenia fue vendido muchos años después de la caída de la monarquía, en 1931.

es el observar cómo hasta la firma de la Constitución, en 1978, raramente lució alguna de las grandes tiaras de la Casa Real. Más bien al contrario, sólo la vimos llevando el sobrio collar de brillantes y rubíes que recibió como regalo de boda del armador griego Niarchos, el día de la proclamación de don Juan Carlos como Rey de España, en noviembre de 1975.

En el joyero de Doña Sofía, que se custodia celosamente en el palacio de la Zarzuela, la pieza más sobresaliente, y seguramente también la más emblemática de la Casa Real, es la llamada tiara de «las lises». Esa maravillosa pieza fue regalo del rey Alfonso XIII a doña Victoria Eugenia, con motivo de su boda en 1906, y se trata de una tiara de platino y brillantes en forma de cestillo, cuyo diseño se basa en flores de lis de diamantes, que representan a la Casa de Borbón, unidas por roleos y hojas también de diamantes. La delicadeza de las líneas y del diseño dan a esa pieza una personalidad propia. Esta tiara, que popularmente es conocida como «la buena», fue ampliada en 1910 y fue la que la Condesa de Barcelona lució en la coronación de la reina Isabel de Inglaterra en 1953. Doña Sofía la ha llevado en ocasiones especiales, como las visitas a España de la Reina de Inglaterra o de los Reyes de Suecia.

LA DIADEMA NUPCIAL DE DOÑA SOFÍA ERA DE SU MADRE

De entre las grandes piezas también podemos destacar una segunda tiara, igualmente sobresaliente, diseñada en forma de concha con perlas colgantes de gran tamaño. Fue encargada en 1868 por la reina Isabel II al famoso joyero francés Mellerio, como regalo de bodas para su hija, la infanta Isabel, la famosa «Chata», quien a su muerte en 1931 la dejó en herencia a don Alfonso XIII. Es una tiara que doña Sofía lleva con gusto por ser ligera de peso y se la hemos visto en numerosas fotos oficiales y en varias visitas de Estado. Recientemente fue restaurada por el joyero Ansorena. La tercera gran tiara es la diseñada por el joyero francés Cartier, en 1920, como regalo de don Alfonso XIII a doña Victoria Eugenia. Es una pieza alta y de poco peso en diamantes y esmeraldas, que correspondió por herencia a la infanta doña Cristina, condesa Marone, y que ésta vendió en los años 80 al rey don Juan Carlos. Aunque la diadema fue diseñada originalmente en diamantes y perlas, las perlas fueron sustituidas posteriormente por esmeraldas.

De la familia real griega procede una pequeña diadema de estilo imperio y de diseño fino y delicado en forma de greca, que fue propiedad de la reina Federica de Grecia, quien a su vez la recibió de su madre la duquesa Victoria Luisa de Brunswick, a quien le fue regalada por su boda en 1913. Doña Sofía la lució el día de su propia boda en Atenas, y en los últimos años la ha prestado con frecuencia a sus hijas, las infantas doña Elena y doña Cristina. Griega también es una diadema en círculos entrelazados de diamantes que procede de la reina Sofía de Grecia (abuela de la Reina de España), que las infantas han llevado en numerosas ocasiones. Mención especial merece una tiara «floral» en diamantes, que fue regalo del general Franco a doña Sofía con motivo de su boda, y que es la que llevó la infanta doña Cristina el día de su boda en Barcelona. Se dijo entonces que era de procedencia griega, pero no es así. Por último hubo también una diadema, muy fea de diseño a decir de quienes la han visto, regalo de Imelda Marcos, la esposa del entonces presidente de Filipinas, a doña Sofía con ocasión de su matrimonio; años después la Reina la regalaría al tesoro de la Virgen del Pilar, en Zaragoza.

Destacables son los collares de diamantes de gran tamaño llamados «chatones». El más grande procede de la colección de doña Victoria Eugenia, a quien cada año su esposo, el Rey, le regalaba uno o dos de estos diamantes redondos de gran tamaño engastados «a la rusa», muy populares entre la realeza de comienzos del siglo XX, y que el joyero Ansorena iba engarzando en el collar «rivière» de la Reina. El otro más pequeño procede de la reina Isabel II. ¿Y qué decir de las perlas? Doña Sofía tiene muchas y de mucho valor, perlas en forma de pera como la supuesta perla «Peregrina», un collar de 37 perlas australianas de gran tamaño, cuatro hilos de perlas grandes de la reina Victoria Eugenia, un broche de perla gris del que cuelga otra perla en forma de pera, o un collar de perlas de la reina Federica de Grecia del que cuelga un rubí o zafiro «cabochon». Y junto a las perlas, dos brazaletes y unos pendientes de brillantes que fueron regalo de Alfonso XIII a su esposa, con motivo de su boda en 1906, algunas turquesas, y las tres hileras de rubíes que Niarchos compró al joyero Van Cleef como regalo para doña Sofía en 1962.

PIEZAS DE NUEVA ADQUISICIÓN

Por último, en tiempos más recientes hemos podido ver a la Reina con joyas de diseños más modernos, mucho menos ostentosas y más llevaderas. Algunas son, posiblemente, montajes nuevos a partir de piedras más antiguas, ya que con frecuencia algunas de las joyas históricas son remontadas; otras son de nueva adquisición. Entre ellas la gargantilla de brillantes que llevó en la cena de gala previa a la boda de doña Elena, y el collar de brillantes y esmeraldas con pendientes a juego que lució en la cena de gala posterior a la boda de doña Cristina.

Nos fijamos poco en las joyas de la Reina, con frecuencia ni siquiera reparamos en cómo conjunta los colores de sus vestidos con los de las piedras que lleva en las grandes recepciones; pero la mayoría de ellas son piezas de valor histórico añadido, que si para algo están es para dar lustre a la dinastía a través de los recuerdos de un pasado, sin duda, más fastuoso.

En su boda la infanta doña Elena llevó una diadema de brillantes de la familia Marichalar, mientras que su hermana doña Cristina llevó la diadema (convertible en collar) de diamantes en forma de flores que el general Franco regaló a la Reina para su propia boda.

La Reina, con la tiara de brillantes con diseño en forma de flores de lis (a la que familiarmente se refieren como «la buena»), que representa las lises de la Casa de Borbón.

Entre las joyas de la reina Sofía, destacan piedras preciosas como brillantes, perlas, rubíes y, en menor abundancia, esmeraldas y zafiros

FORJANDO A UNA
REINA

El ejemplo y los consejos de doña Sofía serán el mejor apoyo que tendrá Letizia Ortiz para aprender el duro trabajo de ser reina de España.

E l listón está muy alto y de ello se ha encargado doña Sofía, quien, con su buen hacer, se ha ganado a pulso el cariño de los españoles, en los más de 25 años que lleva ejerciendo como Reina, un cargo que va más allá de ejercer, simplemente, de consorte del monarca. Pero Letizia Ortiz, a diferencia de doña Sofía, no nació princesa, por lo que tendrá que aprender el oficio paulatinamente y sin descanso. La futura Princesa de Asturias lo dijo muy claro el día de su petición de mano: «*A partir de ahora, me iré desvinculando de mi profesión para irme incorporando a esta nueva vida, a mis obligaciones, con el apoyo de los Reyes y, por supuesto, con el impagable ejemplo de la Reina*».

En la buena imagen que la monarquía tiene en nuestro país, doña Sofía ha tenido mucho que ver. Ha sabido estar siempre en el momento

La Reina, que estudió puericultura en su juventud, siente debilidad por los más pequeños. Aquí la vemos durante una visita a la escuela «Fe y Alegría», de Cantogrande, en Lima (Perú).

Doña Sofía destaca por su exquisita sencillez y su cercanía al pueblo. Siempre tiene una palabra de consuelo para una mujer o una sincera sonrisa para un niño

justo, en el lugar adecuado. Todo el mundo puede recordar cuando viajó sola al País Vasco –en una época en la que Euskadi vivía un clima muy crispado contra la monarquía– para consolar a unas madres, tras una trágica explosión en un centro escolar, en la que perdieron la vida varios niños. O sus lágrimas sinceras en el funeral de don Juan de Borbón, su suegro. La Reina ha sabido ejercer su cargo, sin dejar de mostrarse como una persona cercana al pueblo, sobre todo, a las mujeres y a los niños más desfavorecidos.

TRASLADO A LA ZARZUELA

Ese impagable ejemplo de la Reina, que citó Letizia, comenzó desde el primer momento en que se anunció el compromiso matrimonial. Letizia Ortiz se trasladó al ala de invitados del palacio de La Zarzuela, no sólo por cuestiones de seguridad, sino también por la comodidad que suponía para todos que la novia del Príncipe empezara a conocer desde dentro todos los resortes y los mecanismos de la que ha de ser su nueva vida. El periodo de adaptación de Letizia a su nueva posición será breve, pero intenso. Clases de protocolo, en las que, con la ayuda de los asesores de don Felipe, Letizia aprenderá a calibrar al milímetro sus gestos y sus palabras, así como su actitud cuando esté públicamente acompañando al Príncipe o a los Reyes. En ese sentido, doña Sofía es la perfecta maestra, ya que, en su modélico comportamiento, jamás hará un comentario fuera de tono y ni un solo gesto suyo podrá ser malinterpretado.

Doña Sofía ha destacado siempre por su exquisita sencillez y por su gran sensibilidad, todo ello sin perder el porte majestuoso de una reina en ejercicio. Siempre tiene una palabra de consuelo para una madre o una viuda, así como una sonrisa cariñosa para un niño. En sus viajes por todo el mundo, le encanta mezclarse con la gente del pueblo, se interesa por su cultura y por su modo de vida. Es una mujer culta, amable y, al mismo tiempo, muy cercana.

DOS MUJERES SOLIDARIAS

Si hay algo que ha destacado especialmente de doña Sofía es su incondicional apoyo al Rey. Permanentemente a su lado, en los buenos momentos y, también, en los más complicados; en sus viajes de Estado, en sus visitas al Parlamento, en todos los actos oficiales... Es la compañera perfecta y, tal y como la definió don Juan Carlos en el libro biográfico que firmó José Luis de Vilallonga, *«una gran profesional»*. Y es que no hay que olvidar que doña Sofía es hija de reyes, hermana de un rey en el exilio, esposa de un rey en ejercicio y madre de un futuro rey.

Doña Sofía y Letizia Ortiz tienen, no obstante, algunos puntos en común muy importantes: ambas son muy solidarias, se preocupan mucho por los problemas de carácter social, y las dos tienen una personalidad y un carácter muy marcados. Es, por otra parte, una suerte que Letizia sea una mujer con formación universitaria y que, por sus intereses personales y profesionales, domine el panorama político nacional e internacional. Lo mismo sucede con los temas sociales y con los de interés general. Ser periodista significa estar pendiente en todo momento de la actualidad y en eso Letizia Ortiz es también una profesional.

El coraje, el afán de superación y el perfeccionismo de Letizia Ortiz Rocasolano –cualidades de las que hace gala doña Sofía– le serán muy útiles a la prometida de don Felipe para ejercer de princesa y, en el futuro, de reina.

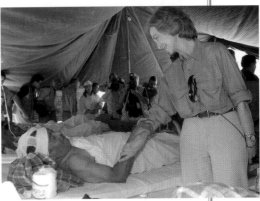

La solidaridad siempre ha distinguido a nuestra Reina. En la foto superior, podemos ver a doña Sofía, de visita en un hospital de Madrid, saludando cariñosamente a una niña enferma.

Abajo, en un hospital de campaña montado para los damnificados por el devastador terremoto que sacudió El Salvador.

Arriba, a la izquierda, doña Sofía con la princesa Matilde de Bélgica, en la visita que realizó a aquel país. Debajo, haciendo un comentario al Rey, en la inauguración de una conferencia en la Universidad de México.

A la derecha, en el barrio londinense de Notting Hill, tras el bautizo de Aquileas, hijo del príncipe Pablo de Grecia.

En la página siguiente, la Reina, en un mercado en Chichicastenango (Guatemala) y en Ecuador.

Letizia Ortiz, con la ayuda de los Reyes, del Príncipe y de los asesores de la Casa Real, ha iniciado un completo aprendizaje de cara a adaptarse a su futura posición

ANÉCDOT

DE TIENDAS

FELIPE Y LETIZIA, EN UN CENTRO COMERCIAL

Como cualquier otra pareja de novios, Felipe y Letizia se acercaron a un centro comercial para realizar sus compras navideñas. Visitaron varias tiendas y ellos mismos cargaron con sus bolsas.

UN «TIC» CORREGIDO

Letizia aplaca sus nervios gesticulando mucho con las manos o tocándose constantemente el pelo. Este último «tic» lo corrigió de inmediato, tras la sugerencia de los asesores del Príncipe, aunque no pudo evitar tocarse el pelo en los primeros días en que se hizo público el noviazgo de la pareja, fruto de la tensión lógica del momento.

ESCALAFÓN

FELIPE SEGUIRÁ SIENDO COMANDANTE

Don Felipe renunció a ser ascendido a general, tal y como propuso el ministro de Defensa. El Príncipe, que tiene el grado de comandante, prefiere que su graduación siga su curso, para no agraviar a los compañeros de su promoción.

EL POSTRE MÁS DULCE

UN PASTEL CON LA BANDERA DE ESPAÑA

Varios serán los menús que se sirvan en el banquete nupcial, teniendo en cuenta los gustos y las diferencias culturales (vegetarianos, musulmanes...) de algunos de los ilustres invitados a la boda. Pero por si los organizadores tienen dudas acerca del pastel nupcial, el Gremio de Pasteleros Artesanos de Madrid y la Cámara de Comercio organizaron un concurso entre los profesionales asociados. El ganador fue Francisco José Somoza, de la pastelería «Fredy», con su propuesta llamada «Tarta Príncipes de Asturias». Este delicioso postre consta de un bizcocho de almendra sobre el que se han dispuesto unos coulis de frambuesa y maracuyá (cuya combinación de colores, rojo y amarillo, componen la bandera de España). La cubierta es de mousse de arroz con leche (el postre típico de Asturias) y se corona con un madroño, el fruto del árbol que simboliza la ciudad de Madrid. Delicioso.

OVETENSES EN LA ALMUDENA

«La Voz de Asturias» convocó un concurso entre sus lectores con un suculento premio: viajar a Madrid y estar presentes en la entrada de La Almudena para ver entrar a «su» Letizia.

LARRA, «BEST-SELLER»

El libro «El doncel de don Enrique el Doliente», de Mariano José de Larra, se ha convertido en un éxito de ventas, después de que doña Letizia se lo regalara al Príncipe con motivo de la petición de mano.

300 CÁMARAS DE TV

La realización televisiva de la boda correrá a cargo de TVE, que dará la señal institucional a cuantas cadenas lo sociliten. Para el evento, se emplearán más de 300 cámaras, muchas de ellas instaladas en el interior del templo, y, el resto, en el exterior y en puntos estratégicos de Madrid.

UN REGALO «TOZUDO»

El primer regalo de bodas que recibieron Felipe y Letizia fue una pareja de burros, llamados «Ruiseñor» y «Calandria», obsequio de la Asociación en Defensa del Burro. Los burritos son descendientes de las parejas que, en su día, regaló la asociación a las infantas Elena y Cristina.

OTRAS BODAS DEL AÑO 2004

Federico de Dinamarca besa dulcemente la mano de su novia, la abogada australiana Mary Donaldson, con la que se casará el 14 de mayo.

FEDERICO Y MARY
DINAMARCA TAMBIÉN CASA A SU HEREDERO

Mucho ha tenido que luchar el príncipe heredero de Dinamarca, el atractivo Federico, para conseguir el beneplácito de la reina Margarita y poder casarse con la abogada australiana Mary Donaldson. La boda se celebrará en Copenhague el 14 de mayo, una semana antes de la ceremonia nupcial que unirá al príncipe Felipe y Letizia Ortiz, en la catedral de la Almudena, en Madrid.

Federico tiene 35 años –prácticamente, la misma edad que nuestro Príncipe, que acaba de cumplir 36–, y Mary 32 –uno más que Letizia–. Se conocieron en los Juegos Olímpicos de Sydney, en 2002, y, curiosamente, fue el príncipe Felipe quien los presentó.

Felipe de Borbón y Letizia Ortiz asistirán como invitados de honor a la boda, en lo que supondrá la presentación oficial de Letizia ante lo más granado de la realeza europea. Sin duda, un buen «ensayo general» de cara a su propia boda.

LAURA Y BELTRÁN

UNA MODELO EN LA FAMILIA DEL REY

Después de un largo noviazgo –empezaron a salir en 1997–, la modelo Laura Ponte, de 30 años, y el cuarto hijo de la infanta Pilar, Beltrán Gómez-Acebo, de la misma edad, se casarán en septiembre. Se conocieron en París, donde ambos residían, y, desde el primer momento, Laura fue una joven aceptada en el hogar de la hermana mayor del Rey. La modelo, que se retiró de la pasarela, es una mujer elegante, muy discreta, y jamás ha hecho ostentación de su vida privada.

FERNANDO Y MÓNICA

BODA EN NOVIEMBRE

La relación entre Fernando Humberto Gómez-Acebo, de 29 años, y Mónica Ferrán, se inició en 2001 y culminará en boda el próximo mes de noviembre. La pareja, que siempre ha sido muy discreta, no había hecho pública la fecha de la boda, pero fue el propio rey don Juan Carlos, quien, sin darse cuenta, reveló que «este año sería un año de muchas bodas en la familia».

HAMZAH Y NOOR

AMMÁN SE VISTE DE FIESTA

El príncipe heredero Hamzah, hijo del fallecido rey Hussein de Jordania y la reina Noor, contraerá matrimonio con Noor bin Asem (nieta de un tío del anterior monarca), justo cinco días después (27 de mayo) del enlace de Felipe y Letizia. Será el primer acto al que asista Letizia como princesa de Asturias y coincidirá con la luna de miel del joven matrimonio.

BIBLIOGRAFÍA

APEZARENA, José, *El Príncipe*. Barcelona, Plaza & Janés, 2003.

BALANSÓ, Juan, *La Casa Real de España*. Madrid, Mirasierra, 1976.

GONZÁLEZ-DORIA, Fernando, *Las reinas de España*. Madrid, Bitácora, 1990.

GRACIA, Fernando, *La boda del siglo. Los secretos sobre la unión de Felipe y Letizia y otros enlaces reales*. Madrid, Temas de Hoy, 2003.

INFANTE, José, *¿Reinará Felipe VI? La última oportunidad de los Borbones*. Madrid, mr-ediciones, 2003.

MATEOS SÁINZ DE MEDRANO, Ricardo, *Los desconocidos Infantes de España. Casa de Borbón*. Barcelona, Thassàlia, 1996.

PARROTTA, Ricardo, *Las mejores anécdotas del príncipe*. Madrid, La Esfera de los Libros, 2003.

PORTERO, Ángela y GARCÍA-PELAYO, Paloma, *Tú serás mi reina. Letizia Ortiz, una periodista camino del trono*. Madrid, Espejo de Tinta, 2003.

RAYÓN, Fernando, *Sofía. Biografía de una reina*. Madrid, Taller de Editores, 2000.

RODRÍGUEZ DE MARIBONA Y DÁVILA, Manuel María, *Los Herederos de la Corona Española. Historia de los príncipes de Asturias*. Madrid, Sotuer Ediciones, 1996.

AGRADECIMIENTOS

Nuestro agradecimiento es para Meritxell
por lo mucho que nos ha facilitado la tarea
con su buen hacer de toda hora;
también a José Luis Apezarena Armiño,
por su generosa contribución;
y a José Luis Sampedro Escolar, por su apoyo de siempre.

Primera edición: Febrero 2004

I.S.B.N.: 84-607-9948-4
Depósito legal: M-2973-2004
Diseño y maquetación: Tipus Gràfics
Fotomecánica: Digital Screen S.L.
Impresión: Mateu Cromo

Ediprem Comunicación, S.L. Vía Augusta, 28-30. 08006 Barcelona. Teléfono: 934 161 788

Printed in Spain - Impreso en España